KB236231

# 지혜로운 부모는

# 강하게 키운다

強育論(宮本哲也 著)
**KYOUIKURON**

Copyright © 2004 by Tetsuya Miyamoto
Original Japanese edition published by Discover 21, Inc., Tokyo, Japan
Korean edition is published by arrangement with Discover 21, Inc.
through Shinwon Agency Co., Seoul.

이 책의 한국어판 저작권은 신원에이전시를 통한 저작권자와의 독점계약으로
㈜도서출판 아테나에 있습니다.
신저작권법에 의해 한국어판의 저작권 보호를 받는 서적이므로 무단전재와 복제를 금합니다.

아이위즈북 iWizbooks는 ㈜도서출판 아테나의 브랜드입니다.

# 지혜로운 부모는 강하게 키운다

미야모토 테츠야 지음 · 혼다 토모쿠니 옮김

# 호랑이로 키울 것인가
# 고양이로 키울 것인가?

《지혜로운 부모는 강하게 키운다》는 일본에서 《강육론強育論》이란 제목으로 출간되었습니다. 그동안 14쇄를 찍었고, 수많은 독자들과 만났습니다. 대학에서 연극을 전공했지만, 우연히 학원업계에 입문한 후로 지금까지 아이들을 가르치는 일에 30여 년 세월을 쏟았습니다. 학원에서 수학을 가르치는 일이 전부였던 제가, 중학교 입시 최고의 합격률을 달성하면서 많은 변화가 일어났습니다. 일본 전국 학부모들을 대상으로 강연을 하고, 교육에 관련된 여러 권의 책을 쓰고, 나아가 일본 교육의 흐름을 바꿔놓았다는 평가까지 받았습니다. 그것만으로도 큰 보람인데, 이제 한국에까지 제 책이 소개된다니 더없는 기쁨입니다.

제 수학교실은 무시험 선착순으로 아이들을 받습니다. 유명 입시학원이 레벨테스트를 거쳐 학생을 선발하는 경우와는 다르지요. 처음 아이의 성적이 어떤지는 중요하지 않습니다. 저와 공부하는 동안 얼마나 '생각하는 힘'을 기르느냐가 중요합니다. 문제 형식을 익히고 공식을 외우는 공부가 아니라, 문제에 대해 깊이 생각하고 원리를 이해하면서 정답을 찾아가는 과정 자체를 즐기는 공부여야 합니다. 그래야 전혀 새로운 문제를 만났을 때도 차근차근 풀어낼 수 있고, 정답을 찾았을 때의 성취감으로 다시 노력할 수 있게 됩니다.

이것은 비단 수학문제에만 국한되지 않습니다. 우리의 삶 역시 늘 문제에 부딪히는 일의 연속입니다. 공부하면서 이런 태도를 몸에 익힌 아이는 삶의 문제에서도 같은 패턴으로 문제를 해결해냅니다. 쉽게 포기하거나 다른 사람에 의지하지 않고, 스스로 생각하고 판단한 후 행동합니다. 자기 주도적이고 적극적인 태도로 인생을 살아나갑니다. 제가 겨우 수학이나 가르치는 주제에 아이들의 학습지도가 아니라 자녀교육에 대해 강연하고 책을 쓸 수 있는 이유가 바로 이것입니다.

아이에게 고기를 잡아줄 게 아니라 고기 잡는 법을 알려주라는 말이 있듯이, 부모 울타리를 벗어나서도 자기 힘으로 멋지게 인생을 살아낼 수 있는 강한 아이로 길러야 합니다. 내 아이를 호랑이로 키울 것인가, 고양이로 키울 것인가는 전적으로 부모의 손에 달려 있습니다. 부모가 모든 것을 대신해주면서 맹목적인 사랑만 퍼붓는다면 아이는 집 안을 벗어나지 못하는 애완동물인 고양이밖에 될 수 없습니다.

내 아이가 자기다운 삶을 살며 진정으로 행복하기를 바란다면 호랑이처럼 강한 아이로 길러주세요. 이 책은 수학공부를 빌어 이야기하고는 있지만, 강한 아이로 키우는 데 도움이 될 만한 아이디어를 얻을 수 있을 것입니다. 이 책을 계기로 쓸데없는 일에 힘을 빼느라 불행한 아이와 학부모가 한 사람이라도 줄어들기를 바라 마지않습니다.

– 2015년 미야모토 테츠야

차례

## 2장

아이의 자립을
지켜보는 어머니와
방해하는 어머니

# 4장

# 머리가
# 좋아지는 공부법
# 나빠지는 공부법

The Art of Teaching
**without Teaching**

# 1장

# **현명한** 아이교육
# 어리석은 아이교육

# 아이교육에서
# 최악의 결말은 무엇일까?

아이를 키우면서 생길 수 있는 최악의 결말은 어떤 것일까요? 아이가 부모의 뜻은 무시한 채 자기 마음대로 진로를 결정하는 것? 무슨 일이든 부모 탓으로 돌리며 사사건건 갈등을 빚는 것? 부모와는 아예 말도 하지 않은 채 소통을 단절하는 것? 이것도 가슴 아픈 일이긴 하지만 그보다 더 최악의 결말은 따로 있습니다. 충격적으로 들리겠지만, 뉴스에 종종 등장하는 사건이기도 하지요. 그렇습니다. 바로 서로에게 끔찍한 상해를 입히는 것. 부모가 자식을 다치게 하거나, 자식이 부모를 다치게 하는 일입니다. 부모가 아이를 키우면서 이보다 더 불행한 결말은 없지요.

## 부모 자식 간에도 거리가 필요하다

책을 시작하자마자 굳이 이런 불편한 이야기를 꺼내는 이유는, 이 책 전체를 통해서 제가 부모님들께 들려드리고자 하는 이야기와 관계가 깊기 때문입니다. 그러니 곤혹스럽더라도 끝까지 제 이야기에 귀를 기울여주셨으면 합니다.

그렇다면 '부모가 자식을 다치게 하는 것'과 '자식이 부모를 다치게 하는 것' 중 어느 쪽이 더 불행할까요? 양쪽 모두 매우 불행한 사건이라고 생각하십니까? 그렇지 않으면 자식이 부모를 다치게 하는 쪽이 훨씬 더 불행하다고 생각하시나요? 둘 다 틀렸습니다. 부모가 자식을 다치게 하는 쪽이 훨씬 더 불행합니다.

모든 생명체는 아이로 태어나 성장하고, 어른이 되어 자식을 낳고 부모가 됩니다. 자신의 유전자를 이어가기 위해 아이를 낳아 소중히 기르지요. 당연히 자기 자신보다 아이를 우선시해야 하고, 이것은 본능입니다.

동물 다큐멘터리를 보면 어미가 위험을 무릅쓰고, 때로는 목숨까지 내던지며 새끼를 지키려는 장면이 종종 나옵니다. 그 화면에 감동적인 배경음악을 깔고, 시청자의 눈물샘을 자극하는 내레이션을 넣어 아름다운 이야기로 미화시키곤 하지요. 하지만 어미가 자기를 희생하고 새끼를 지키려는 행위는 미담美談이 아닙니다. 이것은 그저 생명체로서의 본능일 뿐입니다. 인간이 아닌 다음에야 동물에게 어미로서 새끼를 대하는 철학이나 가치관 따위는 없을 테니까요.

새끼를 지키려는 어미의 행동이 본능인 이유는 그래야 종족을 보존할 수 있기 때문입니다. 어미가 새끼를 희생하고 자기만 살아 남으려 한다면 그 종족은 대를 잇지 못하고 멸망하고 말겠지요. 어미가 자기를 희생해서라도 새끼를 지키고, 그 새끼가 성장하여 어미가 되고, 이 어미는 다시 자기를 희생해서라도 새끼를 지켜내고…. 이런 연쇄 작용이 계속되어야만 종족을 보존할 수 있습니다. 이것은 인간 사회도 마찬가지입니다.

그런데 부모가 아이를 다치게 하는 일은 이러한 연쇄 작용을 위협하거나 끊는 행위, 즉 자연의 섭리에 어긋나는 행위입니다. 그래서 부모가 자식을 남기고 스스로 목숨을 끊거나, 자식이 부모에게 상해를 입히는 일보다 부모가 자식에게 상해를 입히는 일이 생명체로서의 죄는 훨씬 더 큰 것입니다.

아직 아이가 초등학교에 입학하기 전이라면 이런 비극적인 사건을 꿈에라도 상상하기 힘들겠지요. 실제로 그런 사건을 겪은 당사자들도 이런 일이 있으리라고는 결코 상상하지 못했을 겁니다.

그렇다면 이런 불행을 미리 막을 수는 없을까요? 그러려면 어떻게 해야 할까요? 해결책은 의외로 간단합니다. 아이를 하루빨리 독립시키면 됩니다. 독립 시기는 곧 성인이 되는 고등학교 졸업 즈음이 적당합니다.

원래 사람 사이에 어쩔 수 없이 주고받게 되는 상처는 가까운 사람일수록 그 깊이가 더한 법이지요. 부모 자식도 그렇습니다. 너무 가깝고, 너무 친해서 오히려 필요 이상의 상처를 주고받으며 갈등의 골만 깊어집니다. 너무 가까이 있으면 시야가 좁아져 전체를 조망하기 힘든 것처럼, 부모 자식 간에도 적당한 거리를 두어야 서로를 더 잘 이해할 수 있습니다.

## 관계중독의 고리를 끊어라

스무 살이 지나고 서른, 마흔이 넘도록 일할 생각은 안 하고 놀고 먹는 사람들이 있습니다. 일본에서는 이런 사람들이 많아지면서 사회적인 문젯거리로 떠오르기도 했지요. 그 나이면 이미 '아이'라고 부를 수도 없습니다. 성인이 되고도 훨씬 더 많은 세월이 지났지만, 이런 사람들의 정신연령은 중학교 1학년 정도에 멈춰 있습니다.

이런 자식을 둔 부모라면, 그 자식을 바라보는 심정이 어떨까요? 안타까운 마음에 마주칠 때마다 잔소리를 하겠지요. 그러나 소용없습니다. 잔소리 정도로 나아질 거라면 그 나이가 되도록 집에서 빈둥거리고 있을 리가 없으니까요. 이들은 자신을 내세울 수 있는 곳이 달리 없기 때문에 집에서만 빈둥거립니다. 그러니 자기

주장을 할 수 있는 곳도 집밖에 없지요.

하지만 일도 안 하고 놀고만 있는 것에 열등감은 느끼기 때문에 평소에는 부모에게도 그다지 강하게 대응하지는 않습니다. 그러다가 부모가 잔소리를 하는 순간, '바로 이때다!'라며 기다렸다는 듯이 반항하지요. 자신의 의견이나 태도가 정당한지 아닌지는 상관없습니다. 부모 말고는 항변할 대상이 전혀 없기 때문에 억눌려 있던 모든 감정이 한꺼번에 폭발하는 거지요.

이때 부모가 참지 못하고 더 강력하게 대응하면 결국 싸움이 되고, 이 과정에서 끔찍한 사건이 벌어지기도 합니다. 자신의 유전자를 이어가기 위해 자식을 낳고, 그만큼 소중히 키워왔는데 살아 있는 존재로서 이 이상 불행한 일을 없을 것입니다.

부모 입장에서 생각하면, 그 나이가 되도록 취업하려고 노력하지 않는 자식에게 화가 나는 게 당연합니다. 자식 입장에서 생각하면, 같은 이야기를 귀가 닳도록 계속 잔소리 해대는 부모에게 화가 날 법도 합니다. 부모가 하루빨리 자식을 집에서 내보내거나, 자식이 스스로 집을 나가 독립했다면 이런 불행한 일은 일어나지 않을 텐데, 그게 어렵지요.

부모는, 자식이 혼자서는 살아갈 수 없으니 우리가 보살펴 줘야 한다는 불안감이 있습니다. 자식은 혼자서 사는 건 두렵고, 집에 있으면 잘 곳도 먹을 것도 다 해결되니 편하다고 생각하지요. 이런 식으로 서로에게 기대고 의지하는 응석 관계를 맺게 되고, 시간이 흐를수록 이 관계에 자신들도 모르게 중독되어 끊을 수가 없게 됩니다.

이런 경우는 하나의 인격을 부모와 자식이 서로 공유하는 셈이니, 둘 중 하나가 죽을 때까지 벗어날 수가 없습니다. 이렇게 불행을 자초하느니 떨어져 살아보면 서로의 고마움을 더 잘 느낄 수 있을 텐데 안타까운 일이지요.

저는 열아홉 살 때 집을 나와 살아봤습니다. 대학교 1학년 겨우 1년뿐이었지만 그 경험은 제 인생을 관통할 만큼 큰 깨달음이었습니다. 신문보급소에서 더부살이를 하면서 아침저녁으로 신문을 배달하고 수금을 했지요. 그렇게 학비와 생활비를 벌었습니다. 해가 짧은 겨울철에는 석간신문을 배달하는 도중에 날이 어두워집니다. 그때 불 밝혀진 집들에서 새어나오는 저녁밥 짓는 냄새와 따스한 온기를 느끼면 마냥 울컥해지지요. '아! 집이란, 가족이란 정말 좋은 것이구나!'라고 절실히 느끼게 됩니다. 부모님과 같이 생활하면서는 그런 고마움을 느껴본 적이 한 번도 없었거든요.


### 반항하기 시작할 때가 자립의 싹이 움트는 때


서른 살이 넘도록 방에 혼자 틀어박혀 '은둔형외톨이(히키코모리)' 생활을 하는 사람에게도 자립의 싹은 있었을 것입니다. 그런데 어쩌다 그 지경이 되는 걸까요? 이것은 전적으로 부모의 책임입니다. 아이가 자립의 기미를 보일 때 그 의지를 짓밟고 꺾어버리는 사람이 바로 부모이기 때문입니다.

아이는 어느 시기까지는 부모 말이라면 무엇이든 있는 그대로 다 받아들입니다. 그러다가 어느 순간부터 반항하는 시기가 오지요. 자기 마음대로 하고 싶어 하고, 부모와 의견이 다를 경우 자기 의견을 관철시키기 위해 강하게 대립하기 시작합니다. 이 시기를 '반항기'라고 표현하는 경우가 많은데, 이 반항의 시기가 곧 '자립기'이기도 합니다. 아이가 드디어 부모의 말에 따라 움직이는 게 아니라 자신의 생각과 의견을 드러내기 시작하는 거니까요. '반항기'라는 말은 아이 입장에서는 '거부당했다'라는 부정적인 느낌을 주기 때문에 '자립기'라는 말로 바꿔 쓰는 게 좋겠습니다.

아이가 이런 모습을 보이기 시작하면 부모는 한 발짝 뒤로 물러서야 합니다. 그러고는 아이가 자립의 싹을 마음껏 키울 수 있도록 지켜봐주는 것이 중요하지요. 그런데 그저 아이가 반항하는 거라고만 생각해서 부모가 아이의 의견은 묵살한 채 힘과 권위로만 밀어붙이면 아이의 자립의 싹은 눌려 사그라지고 맙니다. 자립하지 못하는 자식은 이런 식으로 부모가 만들어내는 거지요.

부모가 자식을 억누르는 행위는 또 다른 형태의 응석입니다. 응석은 자식이 부모에게 부리는 거라고만 생각하시나요? 아닙니다. 이 경우는 부모가 자식에게 부리는 응석입니다. 이런 식인 거지요. "너에겐 아직 엄마가 필요해! 그러니 엄마한테 좀더 어리광을 부려줬으면 좋겠어. 나한테 좀더 기대어 달란 말이야!" 아이의 성장보다 자신의 모성애를 충족시키는 것이 더 우선인, 어머니로서 자격 미달인 어머니입니다.

이런 응석쟁이 어머니들께 말씀드리고 싶습니다. "아이를 애완동물로 키우면 안 됩니다. 강아지나 고양이 기르듯이 맹목적으로 귀여워만 하면서 키우고 싶다면 그냥 동물을 키우세요. 지금 바로 펫숍에 가서 가장 어리고 약한 동물을 사오세요. 그리고 필사적으로 돌보면서 키우세요. 그냥 응석받이로만 길러도 상관없습니다. 강아지나 고양이는 자립시킬 필요가 없으니까요."

엄마가 어리고 약한 동물 돌보기에 매달려 있는 동안에 오히려 아이는 스스로 자립할 겁니다. 엄마와 함께 어리고 약한 동물을 보살피는 동안, 어쩌면 아이에게도 다른 생명에 대한 배려심이 생기는 계기가 될지도 모르지요.

새의 어미는 새끼가 빨리 자립하도록 키웁니다. 아기 새의 몸집이 어느 정도까지 커지면 어미는 더 이상 둥지에 먹이를 날라주지 않지요. 아기 새가 아무리 목 놓아 부르고 울어도 어미는 돌아오지 않습니다. 심지어 먹이를 입에 문 채 아기 새가 볼 수 있을 만한 다른 나무 가지에 앉아 아기 새를 밖으로 유인하기도 하지요. 어쩔 수 없이 아기 새는 조심조심 둥지의 가장자리까지 나옵니다. 그러고는 있는 힘을 다해 용기를 내어 그야말로 목숨을 걸고 둥지에서 날아오릅니다. 아기 새가 자립하는 순간이지요.

응석쟁이 어머니들은 참새나 제비의 어미를 본받아야 합니다. 둥지에서 날아오르려고 애쓰는 어린 새를 '네가 떠나면 내가 외로우니 아직은 가지 말라'고 둥지에 다시 눌러 앉혀서야 되겠습니까! 그러면 어린 새는 언제까지나 둥지에서 어미 새에게 계속 먹이를 받아먹으며 살겠지요. 무슨 일이 벌어질지도 모르는 두려운 바깥세상보다는 둥지 안이 훨씬 안전하고 편안하니까요.

이런 어머니들이 꼭 알아야 할 게 있습니다. 이렇게 길러진 새끼들은 어미가 없어지면 둥지 안에서 그대로 굶어 죽는다는 사실입니다. 스스로 살아갈 능력을 터득하지 못했으니 그럴 수밖에요. 그래도 괜찮겠습니까? 이래도 아이의 자립보다는 자기의 모성애를 충족시키는 것을 우선하시겠습니까?

## 무관심을 가장하고 스무 살 전후에 독립시키자

부모가 한 번 아이의 자립의 싹을 짓밟아 버리면 언제 또 다시 싹이 나올지 알 수 없습니다. 어쩌면 두 번 다시 기회가 없을지도 모르지요. 아이가 스무 살이 넘어 데리고 있기에 힘이 부쳐서 "이제 너도 슬슬 독립해야지?"라고 말해봤자 때는 이미 늦습니다. 애당초 부모가 자식이 스스로 서고자 하는 자립의 싹을 짓밟아 놓고 이제 와서 그렇게 말해선 안 됩니다.

자식을 자립할 수 없도록 키웠다면 평생 돌보며 사는 게 맞습니다. 절대로 자식보다 먼저 죽어서도 안 됩니다. 자활 능력이 없는 자식만 사회에 내보내고 부모가 먼저 세상을 떠나면 안 되지요. 자식이 평생 먹고 살 정도의 재산을 남겨 주거나, 부모가 숨을 거둘 때 자식도 함께 숨을 거두게 하거나 둘 중 하나를 택하는 게 맞습니다.

자식은 하늘이 내려주신 선물인 동시에 부모가 잠시 맡아 키우는 존재일 뿐 결코 부모의 소유물이 아닙니다. 언젠가는 사회에 되돌려주어야 합니다. 그런 생각으로 자녀를 키우십시오. 자식을 키우는 대가란 아무것도 없습니다. 부모란 그런 것입니다. 자식만이 내 삶의 보람이라고 여기는 부모님들은 자녀가 자립한 후에 스스로 어떤 인생을 살지 미리 설계해두는 것이 좋겠습니다.

아이가 자립기에 접어들면 결코 서두르거나 재촉해서는 안 됩니다. 자립기에 들어선 아이는 비록 머리로는 부모의 말이 옳다는 것을 알지만, 강요하면 반대 방향으로 달려 나가게 마련입니다. 부모 자신도 어려서 경험했을 텐데 개구리가 올챙이 시절 기억 못한다고, 부모가 되면 모조리 잊어버리는 모양입니다.

자립기를 제대로 보내지 못해서 자포자기에 빠지고 비뚤어지는 경우는 매우 흔합니다. 부모의 속박에서 해방되는 것이 자립이니 당연한 일입니다. 인간은 '타인에게 지배당하고 싶지 않다'는

본능도 있으니까요. '이렇게 되었으면 좋겠다'라는 부모의 마음을 아이가 눈치 채지 못하도록 무관심을 가장할 필요가 있습니다. 그리고 스무 살 전후에 자연스럽게 독립할 수 있게 하세요. 자활의 어려움을 알게 되면 부모에게 반항하는 따위는 아무짝에도 쓸모없는, 어리석은 에너지 낭비라고 뼈저리게 느끼게 되니까요.

- 아이가 부모에게 반항하기 시작하는 때가 바로 자립의 싹이 움트는 순간입니다. 자립의 싹을 짓밟지 말고 애정 어린 무관심으로 한 발 물러서서 지켜봐주세요.

- 맹목적인 사랑만 퍼붓고 싶다면 차라리 애완동물을 키우세요. 엄마의 모성애 충족보다 아이의 자립이 훨씬 더 중요합니다.

- 성년이 되면 독립을 시킵시다. 아이 스스로 세상을 살아나갈 힘을 길러주는 것이야말로 부모가 해줄 수 있는 최고의 사랑입니다.

# 비범한 아이가
# 평범한 아이가 되는 건
# 시간문제

어릴 때부터 주위에서 "너 정말 똑똑하구나!" "얘, 천재 아니야?"라는 소리를 들으며 귀하디귀하게 자란 아이가 어느 사이엔가 '똑똑하다'거나 '천재'라는 소리를 듣는 일이 점점 줄어들고, 결국은 평범하거나 혹은 그보다 못한 아이가 되어버리는 경우가 종종 있습니다.

부모로서는 안타까운 일이 아닐 수 없겠지요. 어느 부모든 '우리 아기가 혹 천재는 아닐까?' 하는 놀라운 순간을 한 번은 경험한다고 합니다. 그렇다면 정말 높은 지능을 갖고 태어난 아이는 자라는 동안 지능이 떨어지는 걸까요? 그렇지 않다면 왜 이런 일이 일어나는 걸까요?

## 아이의 학습 본능을 잃게 만드는 것은 부모다

모든 생물에게는 학습 본능이 있습니다. 인간의 아기도 엄마 뱃속에서부터 학습을 시작하고, 태어나면 그 순간부터 더욱 맹렬하게 학습합니다. 누워 있던 자세에서 일어나 앉고, 뭐라도 손에 잡히는 대로 붙들고 설 수 있게 되면 머지않아 일어서서 걷게 됩니다. 그 순간을 두 눈으로 지켜보며 함께한 부모의 감격은 이루 말할 수 없이 클 것입니다.

물론 아기가 부모를 기쁘게 하려고 일어서는 것은 아닙니다. 아기는 그저 본능이 이끄는 대로 한껏 힘을 내어 일어설 뿐입니다. 거기에는 아무런 이해관계나 계산이 없습니다. 그저 놀랍기만 한 본능이라고 할 수 있겠지요. 이런 본능을 그대로 쭉 지속시킬 수만 있다면, 천재는 아닐지언정 똑똑하다고 칭찬받던 비범한 아이가 평범한 아이 또는 그보다 못한 아이로 추락하는 일 따위는 결코 없을 것입니다.

그런데 일정한 어느 시기가 되면서부터 아이는 자기가 한 행동에 대한 부모의 반응, 즉 부모의 표정을 살피기 시작합니다. 물론 그럴 필요가 있는 경우도 있지요. 아이가 위험한 것을 가까이 하려고 하면, 부모는 무서운 얼굴로 목소리를 높여 야단쳐야 합니다. 아직 말을 잘 이해하지 못하는 어린 아이는 자기가 왜 야단을 맞는지는 몰라도 '뭔가 해서는 안 되는 일'을 했다는 것을 알게 되지요. 이런 정보는 아이의 뇌에 확실하게 새겨집니다. 아이의 안전을 위해서 이런 교육은 반드시 필요합니다.

그러나 생활과 학습 전반에 걸쳐서 이렇게 교육하면 아이는 타고난 학습 본능을 점차 잃어버리고 맙니다. 뿐만 아니라 자신의 관심이 이끄는 대로 무언가에 몰두하는 일은 영영 사라져버리지요. 자기의 흥미와 호기심을 충족시키느라 부모에게 꾸중을 듣기보다는, 부모의 눈치를 살피고 부모가 기뻐하는 행동을 하는 편이 아이에게는 훨씬 편안하기 때문입니다. 이래서는 동물에게 공을 굴리고 장애물을 뛰어넘는 재주를 가르치는 것과 별반 다르지 않습니다.

스스로 좋아서 불타고 있는 고리 속으로 뛰어들 사자는 세상에 없습니다. 뛰어들지 않으면 혼나거나 매를 맞고, 뛰어들면 보상을 받으니 어쩔 수 없이 불붙은 고리 속으로라도 뛰어드는 것입니다. 사람이 힘으로 지배해 사자의 타고난 본능을 죽이고 있는 거지요. 아이가 부모의 눈치를 보면서 부모가 좋아하고 원하는 일을 하느라 타고난 학습 본능을 잃어버리는 것도 마찬가지입니다. 인간의 아이를 이렇게 교육하는 것은 해서는 안 되는, 정말 크나큰 잘못입니다.

## 고분고분한 아이는 비범할 수 없다

세상은 자기 고집을 피워 야단을 맞는 아이보다는 어른들의 눈치를 보며 상대가 기뻐할 만한 대답을 재빨리 준비하는 아이를 더 우수하다고 평가하는 경우가 많습니다. 하지만 이런 경우의 '우수하다'란 단순히 '영리한 강아지'와 같은 의미밖에 없습니다.

최고급품으로 보이는 드레스를 입은 부인이 아주 값비싸 보이는 개를 데리고 산책하고 있다고 합시다. 길에서 아는 사람을 만나면 부인은 말합니다. "애, 해피야! 인사해야지?" 해피는 몇 번이고 연습한 인사를 열심히 하겠죠. 인사를 받은 사람은 강아지를 칭찬하며 말합니다. "어머나, 정말 영리한 강아지네요." 그 말을 들은 부인은 우쭐해지도록 기분이 좋아집니다.

애완견은 주인이 칭찬해주고, 머리를 쓰다듬어 주거나 먹이를 주면 좋아하니 문제는 없습니다. 하지만 인간의 아이를 이렇게 만든다면 어떨까요? 아이에게는 절대로 이런 일을 시키면 안 됩니다. 지금까지 제가 아이들을 가르치며 관찰한 바에 따르면, 순종하는 태도와 비범함은 양립하지 않았습니다. 어른들의 말을 잘 듣는 고분고분한 아이가 비범함까지 갖춘 경우는 안타깝게도 없더라는 말입니다. 자기 나름대로의 판단을 포기하고 어른의 말일지라도 남의 말을 그대로 믿어버리는 아이가 어떻게 비범할 수 있겠습니까.

사실 '비범하다'거나 '우수하다'라는 낙인이 찍힌 그 시점에 아이에게는 이미 문제가 생깁니다. 이 경우의 '비범, 우수'란 어른들의 눈치를 능숙하게 잘 살핀다는 뜻일 뿐, 아이는 어른들의 비위를 맞추느라 자신이 타고난 학습 본능은 이미 잃어버린 것입니다. 어른들의 눈치를 능숙하게 잘 살피는 아이는 이미 학습 본능에 문제가 생겼다고 보면 틀림없습니다.

## 인사쯤이야 잘 못해도 괜찮아

아이가 처음 만나는 어른을 보고 인사할 때 대부분은 어색해 하기 마련입니다. 물론 드물게는 아주 예의바르게 제대로 인사하는 아이도 있습니다. 언젠가 양손을 앞으로 가지런히 모은 채 "처음 뵙겠습니다. 앞으로 잘 부탁드리겠습니다."라며 아주 정중하게 고개 숙여 인사하는 아이를 본 적이 있습니다. 아이 옆에는 자기 자식의 의젓한 모습을 보란 듯이 지켜보는 어머니가 있었지요.

아이에게 이런 인사를 받는다면 어떤 말을 하게 될까요? 대부분의 어른들은 "어머나! 어쩜 이렇게 의젓하고 늠름한 자제분을 두셨어요."라고 칭찬할 겁니다. 그 어머니는 자신의 훌륭한 자녀교육을 인정받은 것 같아 아주 자랑스러워하겠지요. 전 어땠을까요? 저는 아이에게 그런 인사를 받은 순간 싸늘한 눈빛으로 쳐다보았습니다. '이 녀석, 대체 뭐야?'라고 생각하면서 말입니다. 그 어머니요? 자기 아이가 정말 훌륭하게 인사를 했는데도 칭찬받지 못하자 당연히 마뜩찮은 얼굴을 하고 서 있었지요.

제 경험상 이런 아이는 대개 '빛 좋은 개살구'이기 쉬운데, 이 아이 역시 예외가 아니었습니다. 완전히 '꽝'이었습니다. 인사할 때를 제외하고 평소의 말투는 거칠기 짝이 없었으며, 생각 따위는 전혀 할 생각이 없어 보였습니다. 두고 보면 볼수록 첫 인사 하나 겨우 제대로 하는 속 빈 강정이었지요. 그런데 아무도 이 문제를 지적하지 않다 보니, 아이의 어머니는 자신을 '착실한 아이를 키운 훌륭한 어머니'라고 착각하고 있었던 것입니다.

개구리 올챙이 적 생각 못 한다고, 어른들이 착각하는 것이 있습니다. 처음 만나는 어른 앞에서 아이가 어떻게 낯설어 하지 않고 자연스럽게 행동할 수가 있겠습니까. 그런 태도를 몸에 익혔다면 이미 아이가 아닌 거지요. 아이가 처음 만나는 어른을 보고 낯을 가려 수줍어하는 것은 지극히 당연합니다. 그러니 그 첫 인사는 어색할 수밖에 없겠지요. 보다 못한 부모가 아이의 뒤통수를 누르면, 그제야 마지못해 부끄럽고 난처한 얼굴로 억지 인사를 하는 아이가 오히려 정상입니다. 남자아이라면 특히 그렇습니다.

아이가 제대로 인사할 수 있게 되기까지는 시간이 필요합니다. 두 번 세 번 마주치면서 가벼운 인사도 할 수 있게 되다가 마침내는 "안녕하세요!"라고 활기차게 웃으며 인사하게 됩니다. 그것으로 충분하지 않나요? 아이가 제대로 인사를 못 하면 '가정교육을 어떻게 시킨 거야?'라고 부모 흉이라도 잡을까봐 걱정되나요? 아이들은 예의가 없어서가 아니라 처음 만나는 어른 앞에서 그저 부끄럽고 쑥스러운 것뿐입니다.

인사하는 걸 보면 아이의 전부를 알 수 있다는 듯이 부모가 다른 사람들의 시선에 지나치게 신경 쓰느라 아이에게 예의바른 인사를 강요하는 것은 잘못된 일입니다. 처음 만나는 어른에게 인사

따위 잘 못하면 좀 어떤가요? 아이를 부모의 허세를 위한 도구로 삼아서는 안 됩니다. 그래서는 아이가 부모의 눈치를 잘 살피는 '영리한 강아지' 그 이상은 될 수 없습니다. 그래도 허세를 부리고 싶다면 아이를 닦달할 게 아니라 부모 스스로 무언가를 익히고 자랑거리를 만들어 마음껏 허세를 부리면 됩니다.

## 팔불출 부모와 어리석은 부모

눈에 콩깍지라도 씐 듯 하나부터 열까지 예쁘지 않은 데가 없다는 투로 아내나 남편 자랑이 늘어지는 사람을 두고 '어이구, 저런 팔불출 같으니…'라고 말하지요. 부모도 팔불출 부모가 있습니다. 자기 아이의 아주 작은 장점에도 과장되게 기뻐하고, 아이의 장래에 대해서도 너무 지나치게 큰 꿈을 꾸는 부모가 바로 팔불출 부모입니다.

자기 아이에 대해 과장되게 칭찬하든 말든 부부끼리 한껏 신나서 흥분하는 거야 무슨 문제가 되겠습니까. 하지만 여기에 다른 사람을 끌어들이면 웃음거리가 될 수도 있습니다. 물론 이런 경험은 자식을 가진 부모라면 충분히 공감할 수 있기에, 듣는 사람도 웃으며 이해하고 넘길 수는 있지요. 아이에 대해 기대한 만큼의 성과가 없더라도 팔불출 부모는 "뭐, 이 정도면 엄청 잘한 거지."

라고 결론을 내리고 맙니다. 이런 팔불출 부모에게 자기 아이의 부족함이란 눈을 씻고 봐도 찾을 수 없는 거지요.

이와 반대되는 경우가 어리석은 부모입니다. 이들은 아이를 위한다면서 실제로는 자신의 불안과 욕망에 휩쓸려 학대라고밖에 할 수 없는 일들을 자녀에게 아무렇지도 않게 일상적으로 하고 있습니다. 물론 본인들은 자녀를 학대하고 있다고는 전혀 생각하지 않습니다. 그런 자각이 있다면 자기 자식한테 절대 그럴 수는 없겠지요. 아이의 아픔이나 고통에 대해 놀랄 만큼 둔감하고, 여러 가지 시험도 애완동물 품평회 정도로밖에 생각하지 않습니다. 이런 어리석은 부모에게 찬물을 끼얹어 정신을 차리게 하는 것이 저의 중요한 업무 중 하나입니다. 그럴 때 저는 사정 봐주지 않고 정신이 번쩍 들게 만들지요.

그래도 부모끼리의 허세 경쟁 정도는 그나마 죄가 가벼운 편입니다. 더 심각한 것은 시어머니의 눈을 의식해서 아이를 키우는 경우입니다. 제가 만나본 어머니들 중 특히 중산층의 평범한 여성이 대단한 재력을 갖춘 집안으로 시집을 간 경우에는 정말 힘들더군요. 결혼하기 전까지는 주위에서 모두 부러워하니 본인도 대단한 행운을 잡은 줄 알고 행복에 겨워합니다. 하지만 결혼을 하고 시집에 들어가면 비로소 사태의 심각성을 깨닫게 되지요.

대개 그런 집에서는 집안의 후계자가 될 아이를 건강하게 낳아 훌륭하게 잘 키우는 것을 며느리의 당연한 의무로 생각합니다. 그런데 이 '과업'을 완수하지 못하면 어떻게 될까요? 그 여성은 가차 없이 "며느리가 잘못 들어와 우리 가문을 망쳤다"는 소리를 듣게 됩니다. 그러면 이 어머니는 그런 비난과 원망을 듣지 않기 위해서라도 아이를 비정상적으로 몰아붙입니다. 아이가 얼마나 상처 받고 망가지는지 살필 여유 따위는 없이, 오로지 시어머니와 시댁의 비난을 피하기 위해서만 필사적입니다. 참으로 안타깝지요.

부모끼리의 허세 경쟁에 지친다면 해결 방법은 의외로 간단합니다. 그 사람을 만나는 대신 다른 사람을 만나면 되지요. 상대를 바꾸면 됩니다. 하지만 집안에서 이런 원망을 듣는 어머니는 어떻게 해야 할까요? 이미 가정을 이루고 아이를 낳아 길러온 집안을 바꾸는 것이 어디 그렇게 간단한 일이겠습니까!

## 비범한 아이를 비범하게 키우는 법

먼저 훈육과 교육을 명확하게 구별할 필요가 있습니다. '사람을 때리면 안 된다', '다른 사람의 물건을 훔치면 안 된다'와 같이 예의범절에 대한 부분은 반드시 훈육해야 합니다. 경우에 따라서는 매를 들어도 괜찮다고 생각합니다.

하지만 교육은 다릅니다. 아이의 지적 욕구를 충족시키는 방향으로 이루어져야 하며, 결코 강요해서는 안 됩니다. 아이의 본능이 향하는 대로 지적 욕구를 충족시켜 주는 것이 좋습니다. 예를 들어 아이에게 처음 숫자를 가르치는 경우를 생각해 봅시다. 아이가 책을 보며 공부하는 것에는 흥미가 없고 자동차를 갖고 노는 일에만 열중한다면, 책은 치워버리고 자동차를 교구처럼 활용해 숫자 공부를 하는 거지요. 그런 공부는 아이에게 지겨운 공부가 아니라 재미있는 놀이가 됩니다.

아이를 학원에 보낼 때도 꼭 기억해야 할 것이 있습니다. 가르치는 교사가 권위적인지 아닌지 살펴보고 그런 사람이라면 절대 아이를 맡기지 마세요. 이런 사람은 고분고분 말 잘 듣는 아이만 좋아하고, 말을 잘 듣지 않는 아이는 힘으로 눌러 억지로 따르게 합니다. 그러면 아이는 점점 어른들의 눈치만 살피게 되면서 스스로 생각하고 행동하는 비범함과 우수함은 사라져버리고 맙니다. 제 역할은 아이가 비범함을 잃지 않도록 그런 어리석은 어른들로부터 지켜내고, 자신의 미래를 향해 멋지게 날아오르도록 돕는 일입니다.


## 아이의 장점과 단점은 동전의 앞뒷면

내 아이만 보고 있는 동안에는 얼마든지 '팔불출 부모'로 행복을 만끽할 수도 있습니다. 하지만 아이가 초등학교에 입학하고 학년이 올라갈수록 기막히게도 아이의 단점만 눈에 띄게 됩니다. 이해력이 떨어지고 요령도 없다, 무책임하고 싫증을 잘 낸다 등등….

사실 아이의 이런 단점 뒷면에는 그 아이의 장점이 숨어 있습니다. 이해력이 떨어지고, 요령도 없고, 서투른 아이는 여러 가지 일을 실수 없이 해내기는 어렵습니다. 하지만 한 가지 일에 끈질기게 매달리는 데에는 뛰어난 경우가 많습니다.

그 중에서도 스스로 요령이나 손재주가 없다는 사실을 알고 '나는 요령이 없으니까 남보다 두 배로 노력해야 해'라고 생각하는 아이는 서투르다는 것 자체가 큰 무기가 됩니다. 그러니 그런 아이는 이해력이 나쁘다고 혼내거나 비난하는 대신, 한 가지 일을 차분히 붙들게 해주면 됩니다. 이런 아이에게는 절대 과제를 지나치게 많이 주지 말아야 합니다.

이와는 반대로 무책임하고 싫증을 잘 내는 아이는 머리가 좋은 경우가 많습니다. 무엇을 보든 금방 이해해버리기 때문에 깊이 생각하려 들지 않지요. 생각할 필요가 없기 때문입니다. 이런 아이를 대할 때는 주의가 필요합니다.

처음 시작하는 일에는 능력을 나타내지만, 끈기가 없기 때문에 한계에 다다르면 금방 다른 곳으로 눈을 돌립니다. 당연히 한 분야에서 성공하기는 어렵겠지요. '팔방미인이 밥 굶는다'는 말이 바로 이런 경우입니다. 재주는 많지만 제대로 이룬 것 없이 끝나버리고 말지요. 어떤 일을 시켜도 "처음치고는 썩 잘 했는데"라는 평가를 받지만, 그 다음이 없습니다. 이런 아이는 새로운 것에는 달려들지만 다시 검토하거나 반복하는 일을 극단적으로 싫어합니다. 몸은 어쩔 수 없이 책상 앞에 있더라도 머리는 이미 엉뚱한 방향으로 향하고 있을 테니까요.

이런 아이는 어떻게 하면 좋을까요? 같은 문제를 같은 문제로 보이지 않도록 살짝 바꿔주면 됩니다. 시험에서 틀린 문제를 그대로 다시 풀어보게 하지 말고, 부모가 그 문제를 다른 노트에 베껴 적어 주거나 복사해서 붙여주기만 해도 아이들은 다른 것으로 받아들이기 때문에 흥미를 잃지 않습니다.

내 아이의 모든 것이 예뻐 보이기만 하던 '팔불출 부모' 시기에도 특별히 부모를 행복하게 했던 아이의 어떤 점이 바로 그 아이의 장점입니다. 그런데 아이가 학년이 올라가고 팔불출 부모의 콩깍지가 벗겨지고 나면 그 장점 뒷면의 단점만 보이고 신경 쓰이는 것이 부모 마음이지요. 하지만 아이의 단점을 억지로 고치려 들면 동전의 양면 같은 단점 뒤의 장점도 그만큼 사라지고 맙니다. 그러니 아이의 단점에 주목해서 없애려 하지 말고, 그 뒷면의 장점을 키울 궁리를 하는 것이 현명한 부모입니다.

- 훈육과 교육은 명확하게 구별해야 합니다. 예의범절을 가르치는 훈육은 때로 매를 들 필요도 있지만, 교육은 아이의 지적 욕구를 충족시키는 방향으로 하고 절대 강요하지 않습니다.

- 아이를 부모가 허세부리기 위한 도구로 삼지 마세요.

- 학원에 보내는 등 아이의 교육을 맡길 때 절대 권위적인 사람은 피합니다. 권위적인 어른은 힘으로 굴복시켜 아이의 비범함을 잃게 만듭니다.

- 아이의 지적 욕구는 충분히 충족시켜 줍시다.

- 아이의 단점과 장점은 동전의 앞뒷면과 같습니다. 어떻게 보느냐에 따라 단점이 곧 장점이 됩니다. 단점으로 보고 고치려 하지 말고, 장점이니 키워주세요.

# 자연에서
# 맘껏 뛰어놀게 한 교육의
# 참담한 결과

일본은 2002년부터 초·중학교에서 완전히 주 5일제 수업을 하기로 하면서 새로운 학습지도 지침도 실행했습니다. 이른바 '여유교육'이라는 것입니다.〔여유교육(ゆとり敎育)이란, 지식을 중시하는 교육 방침을 주입식교육으로 보고 경험을 중시하는 교육 방침 아래 학습 시간과 내용을 줄이고, 여유 있는 학교생활을 지향하는 교육을 말한다.-옮긴이〕이 '여유'라는 말에 반감을 느끼는 사람은 별로 없겠지만, 저는 좀 다르게 생각합니다. 말만 번드르르했지 그 실상은 '게으른 교육', '타락의 교육'이기 때문입니다.

## 편안함과 게으름에 익숙한 아이는 노력을 모른다

금융업계에서 목돈이 없어도 집을 장만하고 싶어 하는 사람들을 위해 내놓은 주택구입 할부 시스템이 있습니다. '여유변제'라는 건데요, 사람 마음을 충분히 혹하게 할 만합니다. 은행 측에서는 이렇게 말하면서 고객의 마음을 훔치지요. "계약금이 없어도 전혀 문제없습니다. 처음 5년 동안은 원금 상환도 안 하셔도 됩니다. 6년째부터 원금을 갚아나가시면 되는데, 그때가 되면 경기도 좋아질 거고 지금보다 고객님의 수입도 늘어날 테니 문제될 게 없지요. 지금이 바로 꿈에 그리던 내 집을 장만할 최고의 기회입니다!"

이런 상품을 만들어 파는 쪽도, 그 말을 곧이곧대로 믿고 덜컥 일을 저지르는 쪽도 오십 보 백 보입니다. 여유변제 방식으로 집을 장만한다면 처음 5년 동안은 대출 원금은 전혀 갚지 않은 채 대출 이자만 지불하면 됩니다. 당장 목돈이 들어가지 않는다는 생각에 5년간 줄어들지 않는 대출 원금에 대한 이자를 고스란히 무는 부담은 실제보다 작게 느껴지는 거지요.

이건 당장 눈앞의 이익에만 마음을 뺏겨 나중에 떠안을 짐을 생각하지 못하는 어리석은 짓입니다. 집이 갖고 싶다는 생각이 절실하다면 열심히 노력해서 계약금부터 모으는 일이 먼저입니다. 그러고 나서 35년 정도의 장기 대출을 계획해서 되도록 초반에 변제해서 대출 원금을 줄이고, 20년 정도에 나머지 원금까지 모두 갚아버리는 것이 집을 장만하는 올바른 방법이겠지요.

대출 원금과 이자를 갚기 위해 열심히 노력하는 일만 해도 그렇습니다. 결혼한 직후에 꿈꾸던 신혼집으로 이사를 하고 그 행복한 기분이 계속되는 동안은 힘겨운 노력도 기꺼이 즐겁게 할 수 있습니다. 하지만 5년이나 살다보면 새 집에 사는 기쁨과 행복도 이미 퇴색된 뒤여서 그때부터 대출 원금이라는 목돈을 갚아나갈 생각을 하면 훨씬 더 무거운 짐으로 느껴질 겁니다.

대출금이 감당이 안 돼서 집을 팔려고 해도 대출 원금이 그대로 남아 있기 때문에 큰 빚만 남게 되고, 운 좋게 판다고 해도 다시 살 집을 마련하기 위해서는 또 돈이 필요하게 됩니다. 이건 아무리 생각해도 불행한 결말입니다. 이것이 여유변제의 실상입니다. 내 집을 장만하고 싶어 하는 사람들의 마음을 악용한 '악몽의 시스템'이라 할 만합니다. 이런 시스템을 생각해내는 사람도 그렇지만, 걸려드는 사람도 제대로 된 생각을 하는 사람으로 볼 수 없습니다.

여유교육도 이와 비슷합니다. 여유교육을 옹호하던 사람들은 이렇게 말했습니다. "말을 똑 부러지게 못 해도, 한자를 못 써도, 분수 계산을 못 해도 괜찮습니다. 아이는 밖으로 나가서 자연과 어울려 구김살 없이 자유롭게 뛰어노는 게 더 중요합니다. 열심히 공부하고 노력하는 일은 어른이 되면 싫어도 할 수 밖에 없으니, 그때 해도 늦지 않습니다. 그러니 어릴 때라도 마음껏 뛰어놀게 합시다!"

이걸 어떻게 받아들여야 할까요? 저로서는 도무지 제정신이라고 생각되지 않습니다. 이미 편안함을 즐기게 된 아이가, 게으름에 익숙해진 아이가 나중에 노력한다는 것은 불가능합니다. 어려서부터 노력해서 얻는 기쁨과 그 경험의 소중함을 몸에 익히지 않은 아이는 절대로 제대로 된 어른이 될 수 없습니다.


## 아이가 먼저 배워야 할 것은 노력하는 자세


아마존 오지에서 문자를 사용하지 않은 채 알몸으로 생활하는 사람들도 자녀교육은 진지하게 합니다. 그뿐인가요. 사자나 펭귄도 육아나 자식교육에는 목숨을 걸고 진지하게 합니다. 교육이란, 아이들에게 세상을 살아가는 방법을 몸에 익힐 수 있게 해주는 것이기 때문입니다. 여유교육을 주장한 새 교육지침에서도 '삶을 꾸려나가는 힘', '자유로운 두뇌활동', '여유로운 마음'이라는 참으로 매력적인 단어들을 들먹였습니다만, 그 효과는 전혀 없었습니다.

아이는 매일 성장하는 동물입니다. 어른이 되기까지 익혀야 할 것이 아주 많지요. 그 학습량은 사자나 펭귄 새끼와는 비교할 수도 없습니다. 그렇기 때문에 무엇보다 시간이 중요합니다. 원래 '여유'와 '교육'이라는 단어는 결코 하나로 묶을 수 없는 개념이라고 저는 생각합니다. '즐거운 범죄', '기쁜 병', '행복한 교통사고'와 같은 표현이 옳게 느껴지시나요? 저는 '여유'와 '교육'이라는 단어의 조합도 같은 식으로 생각됩니다. 전혀 어울리지 않을 뿐 아니라 강한 위화감까지 느낍니다. '여유'라는 단어를 제대로 쓴다면 '여유로운 노후' 정도가 되겠지요. 사회적인 역할을 끝낸 노인이 삶을 마치기 전까지 잠깐 동안 남은 인생을 즐기는 것, '여유'라는 표현은 이럴 때 사용하는 겁니다.

아기는 하루의 대부분을 자면서 보냅니다. 여기에는 게으르다거나 여유 있는 생활을 하고 있다는 개념 자체가 개입될 수 없습니다. 그저 성장하기 위해 그때 그때 필요한 일에 충실할 뿐입니다. 대부분의 시간을 잠으로 채우는 아기는, 대신 깨어 있는 짧은 시간에는 필사적으로 정보를 모으려고 눈을 돌리고, 귀를 쫑긋 세우고 있습니다. 나날이 한결같은 노력을 하고 있는 거지요.

아기들조차 이렇게 노력하는데, 초 · 중학생이 노력하지 않아도 될 이유가 있을까요? 노력하는 태도는 어려서부터 몸에 배게 만들어야 어른이 되어서도 노력하는 삶을 살 수 있습니다. 아이들은 열심히 먹고, 열심히 놀고, 열심히 공부해야 합니다. 거기에는 '여유'라는 게으르고 뜨뜻미지근한 단어가 들어갈 '여유'야말로 전혀 없습니다.

교육은 엄격한 것입니다. 배우는 쪽이나 가르치는 쪽 모두 옷차림을 단정히 하고 자세를 바르게 한 채 진지하게 임해야 합니다.

옛날의 서당을 생각해보세요. 엄청난 긴장감이 감도는 분위기 속에서 진지하게 생각하고, 문제를 풀고, 글을 씁니다. 아이들은 선생님의 설명을 한마디라도 놓치지 않으려고 온몸으로 듣습니다. 요즘 아이들처럼 '모르겠어!', '재미없어!' 따위의 말은 하지도 않으며, 그럴 분위기도 아닙니다. 저는 이것이야말로 진정한 교육의 현장이라고 생각합니다. 제가 가르치는 교실은 항상 이런 분위기로 만들려고 애쓰며, 실제로 그렇습니다.

## 배우지 않고, 일하지 않고, 노력하지 않고

하위권 중·고등학교의 수업하는 장면을 보신 적이 있나요? 어떤 분위기일까요? 수업 중에 음식을 먹고, 여기저기서 휴대전화가 울리고, 문자를 보내거나 게임을 하고, 만화를 보고, 옆 사람과 수다를 떨고…. 한마디로 가관입니다.

요즘은 성인식의 의미가 점점 퇴색되고 있는데 그것도 무리가 아닙니다. 깊이 있게 사고하고 남의 이야기를 경청할 줄 아는 기본적인 태도조차 갖추지 못한 채 아이들이 몸만 자란 어른이 돼가고 있으니까요. 이런 교실에서 무슨 제대로 된 교육을 기대할 수 있겠습니까. 학교의 역할이란 그저 낮 동안 아이들이 거리를 배회하지 못하도록 붙잡아두는 수용소 정도의 의미밖에 없습니다. 사실 더 큰 문제는 아이들이 밤에 거리를 나다니는 거지요. 이런 생각을 하면 참 쓸쓸하고 참담할 뿐입니다.

이것은 분명히 어리석은 교육행정의 결과입니다. 거품경제의 철퇴를 맞은 이후 사회는 오직 경제문제에만 관심을 갖고, 교육문제는 전혀 건드리지 않았습니다. 아니, 오히려 아이들이 노력할 기회를 모조리 뺏고, 철저하게 쓸모없는 인간을 만들어내는 시스템을 만들어버렸습니다. 그 결정적인 한 방이 바로 '여유교육'입니다.

거품경제는 일본인 최고의 미덕이었던 '근면함'의 가치를 겨우 몇 년 만에 쓸모없는 것으로 추락시켜버렸습니다. 거품경제가 붕괴된 후에도 어른들은 허황된 꿈을 좇았고, 열심히 노력해서 이룬 것들을 단번에 무너뜨린 데 대한 책임을 누구에게도 묻지 않았습니다. 열심히 노력한 결과가 이렇게 허망한 것인가 하는 분위기만이 사회에 넘쳐났습니다. 여유교육 역시 이런 사회적인 분위기를 그대로 반영한 것이자, 더 확대시키는 악역을 한 셈입니다. 젊은이들은 배우지 않으려 했고, 일하지 않으려 했으며, 더 이상 열심히 노력할 마음 따위 먹지 않았습니다.

아이들은 사회를 비추는 거울입니다. 어른이 노력과 책임을 방치한다면 아이들은 본 그대로 따라합니다. 그런데도 어른들이 그 상황을 바로잡지 못하고 오히려 학력을 올리기보다는 교육 수준 자체를 떨어뜨리는 크나큰 잘못을 저질렀던 것입니다.

## 수학 잘하는 아이보다 야구 잘하는 아이가 대접받는 사회?

베트남의 지도자 호치민은 이런 말을 남겼습니다. "10년 후를 생각한다면 나무를 심고, 100년 후를 생각한다면 사람을 키워라!" 교육이야말로 백년지대계일 만큼 중요한 일임을 강조한 거겠지요. 교육의 중요성이야 더 말할 필요가 없는데, 그 중요한 교육을 엉뚱한 방향으로 끌고 간다면 이것만큼 심각한 문제가 또 없습니다. 일본은 지난 20년간 '여유교육'이란 이름으로 정말 어처구니 없는 방향의 교육을 강력하게 추진해왔습니다.

아이들을 가르치는 일을 하다 보니 저는 '이대로라면 나라가 망해버리고 말 거야!'라는 위기감을 먼저 느낄 수밖에 없었습니다. 뒤늦게나마 많은 국민들이 '여유교육'의 문제점을 알아차렸고, 그 후 맹렬한 기세로 여유교육을 반대하는 움직임이 곳곳에서 일어났습니다.

그렇다면 앞으로 '반 여유교육'의 성공 여부는 어떤 것으로 판가름할 수 있을까요? 아주 단순하게는 고시엔과 국제수학올림픽 참가자 수를 비교해보는 것만으로도 알 수 있을 거라고 저는 생각합니다. 고시엔은 여름 전국고교야구대회로, 예선에 참가하는 학교만 무려 4천여 교에 이릅니다. 고등학생들의 동아리 활동에 지나지 않는 야구대회에 전국에서 12만 명 이상이 참가하고, 그 경기를 전국에 중계하며, 많은 사람들이 그 방송을 시청합니다. 한

편, 중·고등학생의 필수과목(고등학교나 학년에 따라서는 필수과목이 아닌 경우도 있음)인 수학 실력을 겨루는 대회인 국제수학올림픽의 국내 예선에는 매번 겨우 천 명 정도가 참가합니다.

고시엔과 국제수학올림픽은 역사가 다르기도 하지만, 이렇게 차이가 나는 참가자 숫자와 사회적 관심도는 놀라울 정도입니다. 2002년 한일공동월드컵은 나라 전체가 열광했지요. 저도 그랬습니다. 그런데 2003년에 있었던 국제수학올림픽이 처음으로 일본에서 개최된 것을 아는 사람은 관계자들 외에는 거의 없습니다. 야구를 잘하는 아이와 수학을 잘하는 아이가 같은 평가를 받는 날, 사회적 관심도가 같은 크기가 되는 날, 바로 그 날이 일본의 교육이 '여유교육'의 악영향을 뿌리 뽑고 비로소 정상화되는 날이라고 저는 생각합니다.

**꼭 기억합시다!**

- 아이들에게 먼저 가르칠 것은 '여유'가 아니라 열심히 노력하는 태도입니다.

- 교육이란, 아이들에게 삶을 살아가는 방법을 익히게 하는 일입니다.

# 입학 시험을
# 경험한 아이가
# 빨리 자립한다

제가 운영하는 수학 교실에 다니는 학생들은 대부분 중학교 입시를 치르고, 사립이나 국립 중학교에 진학합니다. 중학교 입학까지 무슨 입시냐 하는 시선으로 보는 분들이 많은 줄 압니다. 그런 선입견들을 좀 없애드리고 싶습니다. 중학교 입시는 활용하기에 따라 얼마든지 일찍부터 아이들이 자립할 수 있는 태도를 몸에 익히는 계기로 만들 수 있기 때문입니다.

많은 아이들이 초등학교 저학년 때부터 놀고 싶은 욕구를 참고, 일주일에 사나흘씩 학원에 다니며, 수면시간을 줄여 밤늦게까지 책상에 앉아 있습니다. 그런데 이만큼 열심히 해도 원하는 중학교에 합격하기가 쉽지는 않지요. 중학교 입시에 대해 '아이들을 고생시킨다'는 이런 이미지만 갖고 있다면 '저런 아이는 너무 불쌍하잖아. 좀더 여유 있는 생활이 필요해!'라고 당연히 생각할 것입니다. 저도 같은 생각입니다. 이런 방식은 잘못된 중학교 수험생활입니다.

아이가 건강하게 성장하기 위해 필요한 세 가지 요소는 식사, 수면, 운동입니다. 이것은 사람뿐 아니라 사자, 원숭이, 고양이도 마찬가지입니다. 공부는 그 다음입니다. 식욕이 없어질 정도로, 잠자는 시간을 줄이면서까지 공부를 시키는 것은 정말 잘못된 일입니다. 아이들의 머리와 몸은 잠자는 동안에도 자라고 있습니다. 서 있을 때는 발바닥만으로 온몸을 지탱하기 때문에 중력은 척추에 수직으로 작용하지요. 그럼, 자고 있을 때는 어떨까요? 발꿈치부터 머리까지 온몸이 지탱하기 때문에 누워 있을 때 중력은 척추에 평행하게 작용합니다. 아이는 이럴 때 자랍니다. '자는 아이는 큰다'라는 말이 그래서 나온 거지요.

또 인간의 머리는 컴퓨터처럼 모든 사물을 똑같은 비중으로 기억하지는 못합니다. 그래서 자는 동안 정보를 취사선택해서 기억할 것은 기억하고, 기억에서 지워버릴 것은 지웁니다. 졸린 눈을 비비며 머릿속에 넣은 수학 공식은 기억에서 사라지고, 완전한 몰입상태로 빠져든 게임 내용은 기억에 남는 식이지요. 공부한 내용을 온전한 기억으로 머리에 새기기 위해서는 첫째 흥미를 갖고 할 것, 둘째 충분히 잘 것, 이 두 가지가 반드시 필요합니다.

제가 가르치는 학생들의 부모님들께 저는 겁을 주면서까지 꼭 당부합니다. "입시 직전이라도 최소한 8시간은 재우시고, 컨디션 좋은 상태로 수업을 듣게 해주십시오. 그렇지 않으면 절대로 원하는 학교에 합격할 수 없습니다!"


## 잠만 더 잤을 뿐인데 키도 크고 성적도 오르고


초등학교 6학년 자녀를 둔 어머니에게서 한 통의 메일이 왔습니다. '6학년이 되니 수학 성적이 오르질 않아서 고민입니다. 어떻게 하면 좋을까요?'라는 상담이었습니다. 처음에는 내용이 막연해서 아이의 성별, 성적, 지원희망 학교 등 아무것도 몰랐다가 지속적으로 메일을 주고받으면서 점점 이런저런 아이의 상태를 알게 되었지요.

아이는 8월 중순부터 제 수업에 나오기 시작했습니다. 첫 수업에서의 인상은 '힘없어 보이는 연약한 아이'라는 느낌이었습니다. 수학 문제를 푸는 자세도 스스로의 의지는 전혀 없어 보였기 때문에 아이 어머니에게 그대로 상황을 전달했습니다. 그 후로 좀 더 자세히 상담을 해보니, 아무래도 수면시간을 줄인 후부터 아이의 컨디션이 나빠진 것 같았습니다. 그래서 어머니한테는 이런 조언을 했습니다. "집에서는 전혀 공부하지 않아도 좋으니까 아이가 원하는 만큼 충분히 재우세요!"

중학교 입시가 6개월 앞으로 다가온 시점에서 성적이 떨어질 것을 감수하고라도 공부시간을 줄이고 수면시간을 늘리는 것은 상당한 용기가 필요한 일이었습니다. 그러나 그 어머니와 아이는 다행히 제 조언을 따르기로 결단을 내려주었지요. 그 후부터 아이는 하루에 열 시간 이상을 잤습니다. 그러자 제 수업에서의 태도부터 조금씩 변화가 생기더니 학교생활에서는 아주 극적인 변화가 나타났습니다. 그 전에는 무표정하고 조용한 아이였는데, 담임 선생님이 놀랄 만큼 짧은 기간에 표정이 풍부해지고 적극적으로 행동하는 활발한 아이로 변한 것입니다.

뿐만 아닙니다. 겨우 2개월 만에 키가 5센티나 컸으며, 발놀림도 빨라져서 전보다 축구도 훨씬 더 잘하게 되었지요. 성적은 어땠냐고요? 물론 월등히 좋아졌습니다. 잠만 더 잤을 뿐인데 이 아이에게 대체 무슨 일이 일어난 걸까요?

대형 진학 학원에 다니면서 6학년이 될 때까지는 큰 무리 없이 즐겁게 공부를 할 수 있었답니다. 그런데 6학년이 되자 과제가 갑자기 너무 많아지고, 그러다 보니 잠자는 시간을 줄일 수밖에 없더랍니다. 앞에서 얘기했듯이 아이는 자면서 크는 법인데, 이 아이의 몸은 성장하고 싶은데 수면이 부족하다 보니 자랄 수 없었던 거지요. 그러니 아이의 몸은 얼마나 스트레스를 받았겠습니까.

저는 이 아이에게 성적을 올리기 위한 다른 특별한 교육은 어떤 것도 하지 않았습니다. 그저 아이의 어머니에게 잠을 충분히 재우라는 조언을 한 것이 전부입니다. 다행히 어머니도 아이도 그 조언을 잘 따라주었고, 그 결과 아이가 원하던 중학교에 합격해서 알찬 중학교 생활을 보낼 수 있게 되었습니다.


## 최고의 공부는 스스로 답을 찾는 태도를 익히는 것

중학교 입시의 최대 장점은 감수성이 예민한 사춘기를 그 아이에게 맞는 교육환경에서 지낼 수 있다는 것입니다. 이 때 환경에서 가장 중요한 것은 무엇일까요? 시설? 교사? 교재? 물론 이것들도 중요하지만, 사춘기 아이에게 가장 중요한 것은 함께 공부하는 친구입니다. 학습뿐 아니라 여러 가지 방면에서 자극을 받을 수 있는 친구가 많은 학교가 그 아이에게 가장 좋은 학교라고 할 수 있습니다. 그런 친구들이 모인 집단에 들어가려면 자기도 다른 친구들에게 자극을 줄 수 있는 존재가 되어야겠지요.

또 하나의 장점은, 중학교 입시를 경험하면 아이들이 훨씬 더 빨리 자립할 수 있게 된다는 것입니다. 갓 태어난 아기는 엄마에게 100퍼센트 의존합니다. 그럴 수밖에 없지요. 인간뿐만 아니라 포유동물의 새끼가 어미의 보살핌 없이 살아간다는 것은 생명을 보장할 수 없을 만큼 매우 힘든 일이니까요. 스스로의 힘으로는 음식물을 입에 넣는 것조차 불가능했던 아기도 자랄수록 점점 자신의 생각을 갖게 되고 그 생각대로 의사 표현을 하거나 자기주장을 합니다. 그러면서 엄마에 대한 의존도가 줄고, 그만큼 자립도가 늘어나게 되지요.

아래의 표는 중학교 입시를 경험한 경우와 그렇지 않은 경우, 아이들이 보여주는 어머니에 대한 의존도를 제 나름대로 정리해본 것입니다.

| | 중학교 입시를 경험한 경우 | | 중학교 입시를 경험하지 않은 경우 | |
| --- | --- | --- | --- | --- |
| | 자립도 | 의존도 | 자립도 | 의존도 |
| 0세 | 0 | 100 | 0 | 100 |
| 8세 | 30 | 70 | 20 | 80 |
| 9세 | 40 | 60 | 25 | 75 |
| 10세 | 50 | 50 | 30 | 70 |
| 11세 | 60 | 40 | 40 | 60 |
| 12세 | 80 | 20 | 50 | 50 |

제가 가르치는 학생들은 초등학교 3학년부터입니다. 처음 저와 함께 공부하기 시작한 학생들에게 제가 바라는 것은 다른 게 아닙니다. 바로 부모님이나 선생님에게 의존하는 마음부터 없애라는 것입니다. 아이들에게 수학 문제를 내주고 풀어보라고 하면, 조금 고민해보다가 금세 모르겠다고 포기해버리고 저에게 풀이방법과 답을 묻는 경우가 많습니다. 저는 그런 태도를 허용하지 않기 때문에 제가 수업하는 교실에서는 그런 질문은 할 수 없습니다. 이런 식으로는 최고의 집중력을 발휘해서 끈질기게 문제에 달려드는 태도를 몸에 익힐 수가 없지요.

문제는 풀 수도, 못 풀 수도 있습니다. 더 중요한 것은 어떤 문제라도 스스로 깊이 고민해보고 끝까지 답을 찾아내고자 하는 자세입니다. 그 자세를 몸에 익히는 일이야말로 최고의 공부입니다. 이 자세만 몸에 배고 나면 다음부터는 적절한 과제를 내주기만 해도 아이들은 스스로 성장합니다. 곧 의존도가 줄어들고 자립도가 높아지는 것입니다.


## 명문 학교는 자립심 있는 학생을 좋아한다


제 교실에 들어오는 조건은 무시험 선착순으로, 빈자리만 있으면 누구라도 들어올 수 있습니다. 그러나 아이들이 입학하기를 희망하는 학교는 명문사립 서너 군데로 거의 정해져 있습니다. 이들 학교의 교풍은 세세하게는 다르지만, 아이들의 자주성을 무엇보다 높이 평가한다는 점에서는 모두 같습니다. 학교에서 요구하는 인재상은 자립도가 높은 아이이며, 입시는 그런 아이를 뽑기 위한 문제가 출제되지요. 반대로 말하자면, 성적이 아무리 좋은 아이라도 자립도가 낮으면 풀 수 없는 문제가 출제된다는 이야깁니다.

저는 아이들을 초등학교 3학년부터 가르치고 있지만, 6학년이 되고 중학교 입시를 4개월 앞둔 시점이 되어서야 입시를 고민하게 합니다. 그 전까지는 글씨가 아무리 지저분해도, 문제를 푸는 방법이 아무리 난잡하고 실수가 많아도 아무 말도 하지 않고 그냥 내버려둡니다. 다만 아이가 문제에 흥미를 갖고 대하는지 아닌지가 중요한데, 그렇기만 하다면 그것으로 만족합니다. 문제 푸는 일 자체에 흥미를 가지고 있는 아이들은 중학교 입시에 대한 나머지 문제는 4개월 전부터 준비해도 충분합니다.

하지만 의존하는 마음을 없애고 자립도를 높이는 문제에 대해서는 초등학교 3학년 첫날부터 요구합니다. 3학년 첫 수업에서 저는 이렇게 말합니다.

"지금부터 엄청 어려운 문제를 10분 안에 풀겠어요. 이 문제를 푼 학생은 지금까지 한 명밖에 없었어요. 그렇지만 풀 수 있는지, 풀 수 없는지는 상관없습니다. 나는 여러분들이 10분 동안 계속해서 머리를 쓸 수 있는지 어떤지를 보고 싶은 것뿐이에요. 이 문제를 풀다가 도중에 포기하는 학생은 다음 주부터 오지 않아도 됩니다!"

아이들의 반응이 어땠을 것 같은가요? 놀랍게도 첫날의 첫 문제를 도중에 포기한 아이는 지금까지 단 한 명도 없었습니다. 공부를 하면서 이 긴장감과 집중력을 4년 동안 지속시킬 수 있다면, 아이가 첫 수업을 시작할 때의 실력이 어땠는지는 상관없이 반드시 성장합니다. 처음 3년 8개월 동안은 순수하게 문제 푸는 것을 즐길 수 있도록 이끌어주고, 입시 4개월 전부터 시험을 의식하게 하면서 실수만 하지 않도록 지도해주면 충분합니다. 이런 중학교 입시의 과정을 스스로의 힘으로 이겨낸 아이는 합격, 불합격과 상관없이 굉장한 자립심을 갖춘 아이로 한층 크게 성장합니다.

### 꼭 기억합시다!

- 아이에게는 수면, 식사, 운동이 가장 먼저이며, 학습은 그 다음이어야 합니다. 수면, 식사, 운동이 충분하지 않으면 성장도 학습도 쉽지 않습니다.

- 최고의 공부는 어떤 문제라도 스스로 깊이 고민해보고 끝까지 답을 찾아내고자 하는 자세를 몸에 익히는 일입니다.

- 중학교 입시의 과정을 스스로의 힘으로 이겨낸 아이는 엄청난 자립심을 갖춘 아이로 크게 성장합니다.

The Art of Teaching
**without Teaching**

# 2장

# 아이의 자립을
## 지켜보는 어머니와
## 방해하는 어머니

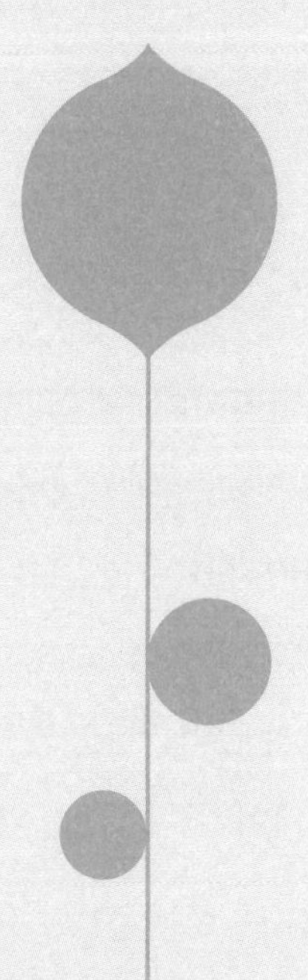

# 아이를 날게 하는 것은
# 순풍이 아니라 역풍

동력이 없는 비행물체, 글라이더, 행글라이더, 패러글라이더, 스키 점프 등은 모두 역풍을 타고 날아갑니다. 순풍에는 날 수 없습니다. 부력을 잃고 떨어져버리기 때문입니다. 그런데 대부분의 부모님과 선생님들은 아이에게 순풍을 보내려고 합니다. 아이가 잘 해낼 수 있도록 뒤에서 힘껏 밀어준다고 생각하는 거지요.

물론 아이가 앞으로 나아가려는 마음의 준비가 되어 있다면 뒤에서 밀어주는 것은 효과가 있습니다. 하지만 그렇지 않은 상태에서 아이를 뒤에서 갑자기 밀어버리면, 준비되지 않은 아이는 다리를 움츠린 채 밀리지 않으려고 강하게 저항할 뿐입니다.

## 무리하게 시키면 좌절감만 쌓인다

이럴 때 부모나 교사는 일단 힘을 빼고 먼저 아이의 상태를 살펴야 합니다. 그런데도 오히려 아이보다 더 초조해 하면서 더 강한 힘으로 아이를 앞으로 밀어서 나아가게 하려고 안달하지요. 그러면 아이는 어떻게 될까요? 아이는 어른의 힘을 이길 수 없기 때문에 저항하지 못하고 결국 나아가고 싶지도 않은 방향으로 억지로 질질 밀려가고 맙니다. 가고 싶지도 않은데 학원에 보내고, 배우고 싶지도 않은 테니스를 배우게 하며, 하고 싶지도 않은 숙제를 어마어마하게 내줍니다. 그뿐인가요? 아이가 하고 싶다고 한 것도 아닌데, 억지로 시켰으면서 결과가 안 좋으면 또 엄청 꾸지람을 합니다.

아이 입장에선 억울하지 않겠습니까? 하기 싫은 것을 무리하게 해서는 절대 좋은 결과가 나올 리 없습니다. 좌절감만 거듭 쌓이고, 무의미한 노력의 참담한 결과에 아이의 생명력은 점점 꺼져갈 뿐이지요. 이건 도대체 누구를 위한 일일까요? 아이를 위한다면 결코 해서는 안 될 일입니다.

제 교실에서는 아이들에게 순풍도 역풍도 불어주지 않습니다. 반에서 가장 잘하는 아이가 질려하지 않을 정도의 문제를 내줄 뿐, 아이들이 잘하는지 못하는지에 대해서는 관심이 없는 척 겉으로는 무관심한 것처럼 가장합니다. 잘해도 칭찬하지 않고, 잘 못

해도 혼내는 법이 없습니다. 그러다 보니 아이들도 저에게 의지하려 하지 않기 때문에 겉으로 보기엔 수업은 아주 덤덤하고 심심하게 진행됩니다. 하지만 그 분위기는 상당한 긴장 상태를 유지하고 있지요. 그 긴장감은 제가 만드는 것이 아니라, 아이들 스스로가 만들어내고 있습니다. 굳이 말하자면 제가 그 기분 좋은 긴장감을 타고 수업을 하는 느낌입니다.

저는 이런 수업을 3학년부터 6학년까지 계속 이어갑니다. 그러다가 중학교 입시를 4개월 앞둔 초등학교 6학년 즈음에서야 입시를 언급합니다. 이때부터는 아이들에게 최고로 강한 역풍을 보내기 시작하는 거지요.


## 역풍으로 단련된 아이는 무너지지 않는다


중학교 입시를 4개월 앞둔 시점부터 아이들에게 보낸다는 최고의 역풍이란 무엇인지 지금부터 말씀드리지요. 유도나 검도 도장에 가면 벽에 급수별, 단수별 이름표가 걸려 있는 걸 볼 수 있습니다. 오른쪽으로 갈수록 수준이 높은 것으로, 가장 오른쪽에 이름이 걸린 사람이 가장 강합니다.('상대가 될 사람이 없다'라는 말을 일본어로는 '右に出る者がいない'라고 쓰는데, '오른쪽에 나올 사람이 없다'라는 뜻이다.-옮긴이)

제가 수업하는 교실에도 비슷한 것이 붙어 있습니다. 교실에 들어오면 아이들은 먼저 그 순위표에서 자기의 위치를 확인하지요. 현재 자기의 위치뿐 아니라 몇 포인트면 한 단계 위의 아이를 따라잡을 수 있을까, 몇 포인트면 아랫단계의 아이에게 잡힐까, 몇 포인트면 한 단계 위의 급수로 올라갈 수 있을까 등등 여러 가지 생각을 할 겁니다. 수업 중에 한 문제를 풀거나 시험에서 10점을 따면 1포인트를 얻습니다. 이렇게 모은 포인트가 250포인트가 되면 한 단계 위의 급수로 올라가는 시스템이지요.

이쯤에서 궁금하실 겁니다. 이 시스템과 중학교 입시를 4개월 앞둔 때부터 시작한다는 강한 역풍이 무슨 관계가 있는가 하고요. 아이들이 중요한 시험에 실패하는 가장 큰 이유가 뭐라고 생각하시나요? 실력이 부족해서 떨어지는 거라면 더 말할 것도 없는 일이고요. 차분히 시험 준비를 잘 해온 아이들도 시험에 실패하는 경우가 많지요. 맞습니다. 그건 바로 시험 당일의 긴장감과 떨림 때문에 충분한 실력을 갖추고도 부주의하게 실수를 하기 때문입니다. 몇 년씩을 착실하게 준비하고도 시험 당일 돌이킬 수 없는 실수를 하는 바람에 원하는 결과를 얻지 못하게 되면 그 안타까움을 말로 다할 수 없습니다. 몇 년 동안의 노력을 하루에 날려버리는 셈이니까요.

그럼, 아이들의 이런 실수는 어떻게 하면 없앨 수 있을까요? 1)무조건 혼낸다, 2)얼마나 치명적인 실수를 했는지 충분히 알아듣도록 참을성 있게 설명한다, 3)반성문을 쓰게 한다. 자, 몇 번을 고르시겠습니까? 헛갈리신다고요? 아쉽게도 제가 찾은 답은 여기에 없습니다. 저는 어떻게 하면 아이들이 부주의한 실수로 시험에 실패하는 일을 없앨 수 있을지 깊이 고민했고, 그 결과 획기적인 방법을 찾아냈습니다. 앞에서 말한 포인트 제도를 악용(?)하는 것입니다. 이것이야말로 입시를 목전에 둔 아이들에게 반드시 필요한 최고의 역풍입니다.

자세히 설명해볼까요. 아이들이 꾸준히 3년 6개월에 걸쳐 모아둔 포인트를 6학년 후반이 되면 매정하게 깎아내리기 시작하는 겁니다. 중간 테스트에서 한 문제만 틀려도 100포인트를 깎습니다. 포인트를 쌓을 때는 한 문제를 풀어서 얻는 포인트가 겨우 1포인트에 지나지 않았는데, 틀릴 때는 100포인트라니요! 아이들로선 충격 그 자체일 수밖에 없습니다. 이 마이너스 포인트 제도는 입시가 가까워질수록 더욱 크게 늘려서, 입시를 한 달 앞둔 시점에는 한 문제만 실수해도 2,000포인트를 깎아내리기도 합니다.

이런 일을 당하면 아이들은 크게 충격을 받고 한순간에 창백해집니다. 이때의 충격은 합격자 발표 명단에 자기의 수험번호가 없을 때의 충격과 맞먹습니다. 이런 경험을 하고 나면 아이들은 자기의 실수에 대해 '아차!' 하고 진심으로 반성하며 경각심을 갖습니다. 백 마디 말보다 단 한 번의 충격요법이 훨씬 더 효과적인 거지요.

수업 중 테스트에서 점수가 꼴찌인 아이도 마이너스, 그동안 포인트를 가장 많이 쌓은 아이도 테스트에서 1등을 지키지 못하면 마이너스 포인트가 적용됩니다. 하여간 조금이라도 방심했다가는 포인트가 단번에 줄어드는 충격적인 경험을 하게 되는 거지요. 매일 수업 시간에 이 정도의 큰 압박을 받다 보면 아이들이 입시 중압감을 견디지 못하고 무너지는 일은 없습니다. 그만큼 단련되는 거지요. 제가 가르치는 아이들이 지금까지 그 사실을 증명하고 있습니다. 입시를 4개월 앞둔 시점부터 저는 초등학교 6학년 수업에 들어가면서 이런 마음을 다집니다. '입시의 중압감에 무너질 녀석이라면 오늘 이 수업에서 무너트려버린다!'

평소에 저는 아이들과 대화를 나눌 일이 거의 없으며, 무언가를 지시하는 경우도 없습니다. 그렇지만 초등학교 6학년 마지막 수업이 끝날 때만큼은 아주 강하게 아이들을 응원하는 말을 남깁니다. 수험생을 위한 특제 연필, 합격 부적, 졸업 인정서 등을 전달한 후에 "시험에 떨어진 녀석들은 두 번 다시 이 교실에 오지 마라!"라고 최후의 압박을 합니다. 그러고는 한 명씩 악수를 하고 돌려보내지요. 이것이 아이들의 실수를 없애기 위해 초강력 역풍을 보내온 제가 아이들에게 보내는 처음이자 마지막인 순풍입니다. 그리고 이 순풍은 절대적인 효과를 발휘합니다.

평소에 부모님이나 선생님들은 아이에게 보내는 순풍이라고 생각하며 많은 잔소리를 합니다. 하지만 그 효과는 어떻던가요? 잔소리는 하면 할수록 늘어나지만 그 잔소리가 효과적인 경우는 거의 없습니다. 머지않아 아무런 효과도 없어져버리지요. 아이들도 자꾸 듣다 보면 잔소리에 면역이 생기지 않겠습니까.

초등학교 4학년 때만 해도 좀 낫습니다. "공부할 마음도 없이 그런 식으로 할 거면 학원도 입시도 당장 그만둬!" 엄마가 이렇게 말하면 대개 아이들은 대답하지요. "엄마, 죄송해요. 제가 열심히 할게요. 그만두라고만 하지 마세요!" 마음이 약한 아이들은 눈물까지 흘리면서 매달립니다.

하지만 초등학교 6학년쯤 되면 아이의 반응이 달라집니다. 먼저 속으로 이런 생각을 하지요. '이런, 또 그 방법이야? 진짜 그만두게 할 마음은 눈곱만치도 없으면서!' 이미 엄마의 속내를 다 간파하고 무심한 듯이 대답합니다. "진짜? 그래도 돼? 그럼 나 그만둘래!" 이제는 상황이 역전되지요. 더 이상 사용할 카드가 없어진 엄마는 오히려 아이에게 애원하듯이 쩔쩔매면서 말합니다. "너 정말 그만둘 거야? 그래도 괜찮겠어? 다시 생각해봐. 이건 아니잖아!" 결국 엄마는 울어버리고 맙니다. 차마 그 모습을 볼 수 없어진 아이가 오히려 엄마를 위로하면서 말하지요. "그냥 해본 소리야. 엄마, 나 열심히 할 테니까 울지 마!"

이렇게 되면 도대체 누가 아이이고 누가 엄마인지 모를 지경입니다. 아이가 부모 때문에, 부모의 기대가 신경 쓰이고 부모의 마음을 위로하기 위해 공부한다는 상황을 만들지는 말아야 합니다. 아이도 공부할 의욕이 없고 문제를 풀 기분이 아닐 때가 있을 겁니다. 그런데 이렇게 잔소리하고 윽박지르는 부모 중에는 아이가 감당할 수 있는 학습량의 10배쯤을 시키려는 경우가 대부분입니다. 욕심이 과해도 너무 과한 거지요.

이런 착각을 하는 부모도 있습니다. '우리 아이는 지금 이 문제를 푸는 게 앞으로 자기 인생을 위해서 얼마나 중요한지 잘 알고 있고, 그러기 위해서 노는 시간, 잠자는 시간을 줄이는 일도 기꺼이 감당할 거야.' 세상에 그런 아이는 없습니다. 그저 부모가 그렇게 생각하고 싶을 뿐이지요. 이런 부모가 흔히 하는 말이 있습니다. "우리 아이는 생각이 없어서 잔소리를 안 하면 공부를 안 해요." 이거야말로 아이가 엄마한테 잔소리를 듣고 나서야 마지못해 공부를 시작하는 최악의 학습 태도가 굳어지는 경우입니다.

잔소리를 안 하면 아이가 공부를 안 한다는 고민을 상담해오는 부모님들이 아주 많습니다. 잔소리를 안 하고 보고 있자니 속이 터지고, 잔소리를 해봐야 효과도 없습니다. 그러면 어떤 방법이 최선일까요? 간단합니다. 말하지 않으면 되는 겁니다. 제가 수업에서 쓰는 방법이 바로 이것입니다. "공부해!"라는 말을 한마디도 하지 않는 거지요. 어떻게 아이를 그렇게 방치할 수 있냐고요? 아무 말도 하지 않고 그냥 내버려두면 우리 아이가 잘못되지 않을까 걱정되시나요? 그렇게 생각하는 부모의 비뚤어진 강박관념에서 나온 잔소리가 오히려 아이를 더 안 좋은 상태로 몰아갑니다.


## 아이가 자기만의 페이스를 만들게 하자

B군은 고집불통에다 융통성이라곤 찾아볼 수가 없는 아이였습니다. 모든 일에 서투른 편이고 동작도 굼뜬 데에다가 국어를 그다지 잘하지 못했습니다. 입학하고 싶어 하는 중학교는 국어 점수 비중이 크고, 스스로 자기 일을 알아서 할 줄 아는 자기주도성이 뛰어난 아이를 뽑는 학교였는데, 그런 면에서 전혀 어울리지 않았지요. 초등학교 5학년 즈음 본 시험 결과를 두고 전 이런 생각을 했습니다. '수학을 좋아하는 건 알겠지만, 이대로는 원하는 학교에 입학하기는 어렵겠군.'

그 후 B군의 부모와 개인면담을 하게 되었습니다. 그 어머니는 하소연하듯 말씀하시더군요. "선생님! 우리 아이는 제가 말하지 않으면 아무것도 안 하려고 들어요. 그러다 보니 제가 잔소리를 하게 되고, 결국은 그게 아이와 싸움으로 번지고, 늘 이런 식이에요. 어떻게 하면 좋을까요?" 저는 딱 잘라서 말했습니다. "그냥 내

버려둡시다!" 이게 학생을 가르치는 선생의 입에서 나올 소린가 하는 얼굴로 쳐다보는 B군의 어머니에게 저는 덧붙여 말했습니다. "앞으로도 계속 부모의 말을 억지로 따르게 한다면 B군은 어차피 희망하는 학교가 원하는 자기주도적인 아이는 못 될 겁니다. 그러면 결과는 뻔하지 않겠습니까? 어차피 떨어질 겁니다."

제 말에 충격을 받은 어머니는 그 후 2개월 동안 실제로 B군에게 전혀 잔소리를 하지 않았다고 합니다. 그러는 사이 B군에게 조금씩 변화가 생겼습니다. 억지로 시켜서 하는 공부가 아니라 스스로 머리를 써서 공부하는 재미를 알게 되면서 성적도 올랐습니다. 서투르고 융통성 없는 성격은 크게 달라지지 않았지만, 오히려 그 부분이 긍정적으로 작용하여 한 가지를 붙잡으면 긴장을 늦추지 않은 채로 결코 포기하지 않게 되었습니다. 국어 성적도 처음보다 월등히 좋아졌지요.

이 경험을 하고부터 B군은 자기만의 페이스를 만들기 시작한 것 같았습니다. 착실히 입시를 준비해서 무사히 원하는 중학교에 입학했고, 그 후에도 자기만의 페이스대로 6년을 공부한 끝에 단번에 도쿄대에 합격했습니다. 부모가 잔소리하기를 그만둔 놀라운 결과이지요.

초등학생 때 부모가 두 달 동안 아이에게 잔소리를 하지 않는다는 것. 저는 그다지 어려운 일이라고 생각하지 않지만, 실제로 해내는 부모는 결코 많지 않았습니다. 내 자식이기 때문에 혹시라도 잘못 될까봐 걱정하는 마음이 크다보니, 잔소리 하지 않고 그저 지켜보는 일이 쉽지만은 않은 모양입니다. 초등학교 시절, 부모가 두 달 동안 잔소리를 참는다고 해서 누구나 도쿄대에 입학할 수는 없을 겁니다. 그러나 B군의 경우에는 그 부모가 두 달 동안 잔소리 하지 않는 인내를 발휘하지 않았다면 B군의 진로는 전혀 달랐으리라고 생각합니다.

꼭 기억합시다!

- 부모가 아이의 등을 밀어주는 일도 마음의 준비가 된 아이에게만 순풍으로 작용합니다. 그렇지 않다면 아이는 오히려 두려움에 다리를 움츠리는 역효과만 일으킵니다.

- 하기 싫은 것을 억지로 시켜서는 절대 좋은 결과가 나오지 않습니다. 참담한 결과와 의미 없는 노력에 아이의 생명력만 꺼뜨리는 이런 부모야말로 어리석은 부모입니다.

# 잔소리,
# 할수록 횟수는 늘고
# 효과는 사라진다

아이의 학습에 대해서 부모가 해야 할 역할은 무엇일까요? 결론부터 얘기하자면, 아이에게 밥을 줄 때와 같은 느낌으로 학습 과제를 제공하는 것입니다. 아이에게 밥을 먹일 때 무리해서 강요하는 부모는 별로 없으리라고 생각합니다. 배가 고프면 오히려 아이가 먼저 "배고파, 빨리 밥 먹자!"라고 재촉하지요. 아이의 식생활을 살뜰히 챙기는 부모라면 아이에게 필요한 영양소와 식사량쯤은 제대로 파악하고 있을 겁니다. 양껏 밥을 먹고 "아우, 배불러!"라고 말하는 아이에게 설마 이렇게 말하는 부모는 없겠지요. "안 돼! 아직 야채볶음과 두부조림과 꽁치구이가 남았잖아. 우유도 마셔야지. 이건 전부 먹어야 해. 다 먹을 때까진 잠도 못 잘 줄 알아!"

## 공부 시간도 식사 시간처럼 즐거울 수 없을까

이런 식이라면 밥 먹는 일이 즐거운 시간이 아니라 고통의 시간이 돼버리겠지요. 여기에 포인트가 있습니다. 아이에게 밥을 줄 때와 같은 느낌으로 학습 과제를 제공하라는 것은, 공부도 먹는 것과 같이 본능이므로 공부 시간을 식사 시간처럼 즐겁게 느끼도록 만들어주라는 것입니다. 어렵다고요? 결코 어려운 일만은 아닙니다.

어린 아기들을 생각해보세요. 아기는 항상 열심히 배우고 있습니다. 길 수 있게 되면 앉기에 도전하고, 앉을 수 있게 되면 무언가를 붙잡고 서기에 도전합니다. 혼자 서서 걸을 수 있게 되면 잠시도 가만히 있지 않고 주변에 있는 모든 것에 관심을 보입니다. 돌보는 어른이 지칠 만큼 만져보고, 입에 넣어보고 아기만의 방식으로 온갖 것을 탐구합니다. 학습이지요.

사람은 누구나 이렇게 학습 욕구가 충만한 채로 태어나서는 왜 나이가 들수록 점점 학습의 욕구를 잃게 되는 걸까요? 학교에 입학하고 학년이 올라가면서도 학습 욕구를 그대로 유지할 수 있다면 좋을 텐데, 왜 오히려 학습을 싫어하게 되는 걸까요? 모르시겠다고요? 너무 시키니까 그런 겁니다. 강요하기 때문에 학습에 대한 흥미와 욕구를 오히려 잃는 것입니다. "구구단을 외워, 받아쓰기 연습도 해야지!"라고 무조건 명령하고 강요하는 것은 "몸에 좋은 거니까 먹어!"라며 아이에게 생 양파를 통째로 먹이려는 것과

같습니다. 생 양파라니요! 그런 음식이라면 눈앞에 있어도 식욕이
생길 리가 없듯이, 무조건 강요하고 명령하는 학습은 흥미나 욕구
가 생길 리가 없습니다.


## 학교와 학원에 지친 아이, 집에서라도 쉬게 하자

양의 문제도 간과할 수 없습니다. 대개는 일상적으로 하루에 세
끼를 먹지요. 하지만 공부 욕심이 많은 부모는 아이에게 하루에
열 끼 이상을 무리해서 먹이고 싶어 합니다. 마치 "깨어 있는 동안
에는 오직 먹기만(공부만) 해!"라고 강요하는 식입니다. 이것은 말
그대로 고문입니다.

　집에서 키우는 식물들이 가장 많이 죽는 원인이 뭐라고 생각하
십니까? 물을 주지 않아서가 아니라 오히려 물과 비료를 너무 과
하게 주어서입니다. 아이들도 마찬가지입니다. 왜 아이가 배고파
할 때까지 기다려주지는 못하는 걸까요? 왜 아이가 맛있게 먹을
수 있는 요리를 만들어낼 생각은 못하는 걸까요?

　공부 욕심이 많은 부모가 제일 잘하는 일이 있습니다. 아이가
학교나 학원에 가 있는 동안 교과서나 교재를 보면서 아이가 돌아
오면 시킬 공부를 계획합니다. '학원에서 돌아오면 저녁 먹기 전
까지 넓이 구하기 20문제, 확률 계산하기 20문제, 받아쓰기 20문

제를 시켜야지. 저녁을 먹고 나면 자기 전까지 모의고사를 풀어보게 하고, 소금물 농도 계산하기 20문제를 푼 후에 남부지방의 농업에 대해서 요약하게 해야지!'

욕심은 끝도 없습니다. 그렇지 않아도 강요하고 명령하는 공부에 질린 아이가 이토록 만반의 준비를 끝내놓고 기다리는 부모가 있는 집으로 돌아오고 싶을까요? 하루이틀 겪는 일도 아닐 텐데 말입니다. 그러다 보면 이제 아이도 슬슬 꾀가 납니다. 어떤 이유

를 대서라도 조금이라도 늦게 집에 돌아오려 하지요. 학원에 다니
는 아이라면 가장 좋은 변명은 이겁니다. "모르는 문제가 있어서
수업 끝난 후에 선생님께 물어보느라 늦었어." 늦은 데 대한 부모
의 잔소리와 꾸중을 피하는 데에 이만큼 좋은 핑계가 있겠습니까.
이렇게 말하면 엄마가 더 이상 묻지 않는다는 사실을 아이도 이미
알고 있는 거지요.

　집에 와서 공부하기 싫은 마음에 늦게 온 이유를 둘러대는 이
아이만 나쁘다고 탓할 수 있을까요? 문제는 부모에게 있습니다.
가정은 학습을 위한 장소가 아닙니다. 느긋하고 평온하게 쉴 수
있는 곳이어야 합니다. 집에서까지 그렇게 몰아붙이지 않아도 아
이는 매일 학교와 학원에서 열심히 애쓰고 있습니다. 그럴수록 조
금이라도 빨리 집으로 돌아가서 쉬고 싶은 마음이 굴뚝같겠지요.
현관문을 들어서는 순간, 엄마가 "어서 와. 오늘도 수고했어. 네가
좋아하는 간식 만들어놨다."라고 상냥하게 웃으며 맞아준다면, 아
이가 귀가시간을 늦춰보고자 머리를 쥐어짤 이유가 있겠습니까.


### 같은 공부도 더 재미있게 할 방법을 고민하자

제가 가르치던 학생 중 C의 얘기를 들려드리겠습니다. C는 교실
에서는 늘 아주 건강한 아이였습니다. 그런데 그 어머니는 아들인

C에 대해 이야기할 때마다 "우리 아이는 체력이 약해서…"라는 말을 입에 달고 있더군요. 제가 교실에서 보는 모습과 집에서 어머니가 보는 모습이 너무 달라서 도저히 같은 아이라고 생각하기 어려울 정도였습니다.

이상하게 생각하고 있었는데, 얼마 지나지 않아서 곧 그 이유를 알게 되었지요. C는 연기를 하고 있었던 겁니다. 부모 앞에서 원래대로 건강한 모습을 보이면 집에 있을 때도 끝없이 공부해라, 문제 풀어라 하니 집에서는 늘 아픈 척 연기를 했던 거지요. 집에 돌아갈 때까지는 씩씩하다가 현관문을 열자마자 너무 힘들어서 금방 죽을 것 같은 아이로 모드를 전환해버렸던 겁니다.

경제적으로 여유가 있어서 바깥일도 하지 않고, 집안일조차 남의 손에 맡기는 어머니들일수록 이런 경우가 더 많았습니다. 본인이 긴장감 없는 여유로운 생활을 하다 보니 아이가 학교와 학원에서 공부하느라 얼마나 힘든지도 잘 모르는 것 같더군요. 이런 어머니들께 당부하고 싶습니다. 그 넘치는 시간을 아이를 어떻게 들볶을지 고민하는 데 쓸 게 아니라, 같은 공부라도 좀더 재밌게 할 수는 없을지 고민하는 게 훨씬 바람직합니다.

"간식 먹고 나면 엄마랑 카드놀이 할까?"라고 말하는 느낌으로, "이 수학 문제, 엄마랑 같이 풀어보지 않을래?"라고 권유한다면 아이가 응할지도 모릅니다. 공부를 시킬 때는 "해라!"가 아니라 "같이 놀자!"라는 분위기로 웃으면서 말해보세요. 이 작은 차이의 효과는 생각보다 훨씬 큽니다.

C는 어떻게 됐는지 궁금하다고요? C는 그 훌륭한 연기력으로 집에서는 학습 시간을 최대한으로 줄이고 푹 쉰 덕분에 건강을 해치는 일 없이 본인이 지망한 학교에 당당히 합격했습니다.


## 아이는 내버려둘 때 더 자발적으로 움직인다

제 수업은 몇 가지 특징이 있는데, 그 중 하나가 제가 교실에 들어갈 때도, 수업을 시작할 때도 아이들에게 따로 알리지 않는다는 것입니다. 처음 이 이야기를 듣는 사람들은 "선생이 뭐 그래?"라고 할지도 모르겠습니다. 하지만 이 방법은 아이들을 수업에 집중시키는 최고의 방법이었습니다. 저도 처음부터 이런 방법을 쓰진 않았습니다. 지금부터 그 얘기를 들려드리겠습니다.

저도 미숙한 선생이었던 때가 있었겠지요. 레벨이 낮은 반을 맡아서 가르치던 그때, 수업을 시작하면서 저는 우선 밖에서 놀고 있는 아이들을 향해 소리쳤습니다. "수업 시작한다. 어서 교실로 들어와라!" 그런데 아이들이 어디 한 번 만에 말을 듣던가요? 한 명도 빠짐없이 교실에 들어올 때까지 같은 말을 계속 반복합니다. 아이들을 모두 교실에 들여보내고 수업이 준비되면 또 말하지요. "노트를 꺼내라. 지금부터 선생님이 칠판에 문제를 쓸 테니까, 빨리 필기한 후에 문제를 푸는 거야!" 이번에도 역시 마찬가집니다. 선생님이 말을 하거나 말거나 짝꿍과 장난치는 놈, 멍하니 생각에 빠져 있는 놈, 딴 짓 하느라 바쁜 놈…. 수업은 늘 아이들과의 이런 실랑이의 연속이었습니다.

그런데 얼마 안 있어 이런 일들이 참 어리석다는 생각이 들기 시작했습니다. 교실에 들어올 때도, 수업을 시작할 때도 아이들에게 아무 말도 하지 않는다면 어떻게 될까, 생각하게 된 거지요. 어쩌면 아이들은 선생님이 하나하나 챙길 때보다 더 자발적으로 주의를 집중시킬지도 모르겠다는 생각이 들었고, 그렇다면 그 방법을 한번 써보자 싶었습니다.

그러고부터는 교실에 들어올 때도, 수업을 시작할 때도 아무 말도 하지 않기 시작했습니다. 아이들의 반응은 어땠을까요? 밖에서 놀던 아이들은 시간이 지났는데도 아무도 부르러 오지 않자 불안했겠지요. 교실을 들여다보니 수업은 시작됐고, 당황해서 급히 교실로 돌아와 노트를 펼치고 문제를 적기 시작하더군요. 그 다음 주부터는 제 모습이 보이면 아이들은 부리나케 교실로 뛰어 들어가 노트를 펼치고 수업 준비를 한 채 저를 기다리더군요. 단 한 주만의 놀라운 변화였습니다.

그 후 저는 '어떻게 하면 집중시킬까', '어떻게 하면 이해시킬까', '어떻게 하면 성적을 올릴까' 하는 고민은 할 필요가 없다고 생각하게 되었습니다. 오히려 그런 생각들은 아이들의 의욕을 떨어뜨릴 뿐이라는 것을 알게 된 거지요.

## 지켜보는 부모가 가장 현명하다

요즘 제가 수업하는 교실은 어떤 풍경인지 궁금하십니까? 아이들은 교실에 들어온 순간부터 긴장하고, 수업이 시작될 때까지 묵묵히 지난 시간에 공부한 내용을 복습하면서 저를 기다립니다. 수업이 시작되고 제가 칠판에 다가가면 아이들은 연필을 쥔 채 필기할 자세를 갖추고, 제가 칠판에 문제를 쓰면 한 명도 빠짐없이 문제를 베껴 쓴 후 풀기 시작합니다.

이전과 비교하면, 아이들이 수업에 임하는 마음가짐부터 달라졌다는 걸 느낍니다. 제가 가르치려는 마음도, 알게 하겠다는 마음도 전혀 없어 보이니까 아이들도 '여기는 배우는 곳이 아니야. 싸우는 곳이야!'라고 생각하는 것 같습니다.

부모가 아이에게 학습을 강요하는 것은 아이를 위해서가 아니라 자신의 불안을 해소하고 자신의 욕구를 충족하기 위한 것입니다. 그러니까 아이에게 거부당할 수밖에 없습니다. 교사도 마찬가지입니다. 숙제를 많이 내고, 수업 시간에 일일이 아이들을 단속하는 것도 아이들을 위해서가 아니라 '나는 이렇게 열심히 아이들을 보살펴주고 있어'라고 자기만족을 하고 싶은 것뿐입니다. 그러니 이런 교육이 아이들에게 잘 먹힐 리 없지요.

아이의 학습에 대한 부모로서의 가장 바람직한 태도는, 아이가 공부할 수 있는 환경만 갖춰주고 그냥 지켜보는 것입니다. 내 아이가 잘 해낼지 마음이 조마조마하겠지만, 그것이 가장 현명한 부모라는 것을 잊지 마세요. 물론 조마조마한 마음으로가 아니라 두근두근 설레는 마음으로 지켜볼 수 있는 부모라면 더 말할 것도 없겠지요. 아이들을 지켜보는 제 마음이 바로 그렇습니다.

### 꼭 기억합시다!

- 가정은 느긋하고 편안하게 쉬는 장소이지 학습을 위한 장소가 아닙니다. 학교와 학원에서 이미 전투를 치른 아이들이 기분 좋게 돌아오고 싶은 곳이 될 수 있게 해주세요.

- 아이에게 학습 과제를 내줄 때는 "해라!"가 아니라 "같이 해보지 않을래?"가 훨씬 효과적입니다.

- 자신의 불안을 해소하기 위해 아이에게 학습을 강요하지는 마세요. 환경만 갖춰주고 그냥 지켜보기만 합시다. 두근두근 설레는 마음일 수 있다면 최고의 부모입니다.

# 아이를 비교하지 말고
# 아이에게 감사하라

우리 아이를 다른 집 아이와 비교하면서 혼낸 적이 있습니까? 부모라면 하기 쉬운 실수입니다. 예를 한 번 들어보지요. 성적이 아주 좋은 D라는 아이가 있다고 합시다. 아이와 D에 대해서 이야기하면서 엄마가 말합니다. "D는 이번 수학올림픽에서도 입상했지? 대단한걸!" "응, 오늘도 수학 시간에 엄청 어려운 문제를 혼자만 풀었어."라고 아이가 대답합니다. 이것을 첫 번째 경우라고 하겠습니다.

이제 두 번째 경우를 보시지요. 엄마가 말합니다. "D는 또 백점이네, 엄청나구나! 그런데 너는 왜 30점밖에 못 받았니? 바보 아냐? 넌 대체 누굴 닮아서 그런 거야? 엄마도 D 같은 아들이 있었

으면 소원이 없겠다!" 아이는 아무 말도 못 하고 그냥 입을 닫아
버립니다.


## 아이를 비난하는 일은 하늘 보고 침 뱉기

이 두 가지 경우에는 큰 차이가 있습니다. 첫 번째는 아주 건전한
경우입니다. 능력이 뛰어난 사람을 칭찬하는 것은 자연스러운 감
정이니까요. 그런데 두 번째 경우는 어떤가요? 다른 아이를 칭찬
하는 것으로 끝나지 않고, 자신의 아이와 비교하면서 심지어 아이
에게 심각한 인격적인 모독까지도 서슴지 않습니다. 그야말로 최
악입니다. 문제는 이런 식으로 자신의 아이를 괴롭힌 경험이 있는
부모가 적지 않다는 사실입니다. 자기 자식에게뿐 아니라 사람을
이런 식으로 비교하면서 모독한다는 것은 인간으로서도 자격미달
입니다.

부모로서 아이에게 얼마나 끔찍한 일을 했는지 한번 볼까요?
수학 실력이 뛰어난 D의 어머니는 미인이며, 큰 키에 스타일도 좋
고, 운동도 공부도 만능이며, 요리마저 수준급 실력이라고 합니다.
어느 날, 아이가 D의 집에 점심식사 초대를 받고 다녀왔는데, 집
에서 먹는 것과는 비교가 안 될 정도로 기가 막히게 맛있었다는군
요. 아이는 몹시 감동한 얼굴로 집에 돌아와서는 싱글벙글하면서

이야기합니다. "D의 엄마, 요리 정말 잘해요! 엄청 맛있어서 두 번이나 더 달라고 해서 먹었다니까요." 엄마가 대답합니다. "그래? 맛있는 음식 먹어서 좋았겠네. 어떤 요리였니? 엄마도 한번 도전해볼까?" 이런 대화라면 건전한 첫 번째 경우에 해당합니다.

그럼 두 번째 경우를 볼까요? 맛있는 음식을 먹고 온 아이가 말합니다. "D의 어머니, 요리를 정말 잘해. 그렇게 맛있는 건 지금까지 먹어본 적이 없어. 그런데 엄마는 왜 그렇게 요리를 못 하는 거야? D의 집에 태어났더라면 날마다 그런 요리를 먹을 수 있을 텐데. D의 엄마가 우리 엄마였으면 좋겠어!"

여기서 한 술 더 떠 식사할 때마다 아이가 이런 얘길 한다면 어떨까요? "우웩! 이게 무슨 맛이야? 맛없어, 퉤퉤! 이걸 먹으라는 거야?" 아이에게 이런 얘길 듣고, '그래, 나도 분발해서 요리 솜씨를 좀 길러야지.'라고 생각하는 천사표 엄마는 없겠지요.

단순히 요리 타박이라면 그래도 좀 낫습니다. 요리 실력이야 노력하기에 따라 얼마든지 극복할 수 있으니까요. 그렇다면 아이의 이런 말은 어떻습니까? "D의 엄마는 키도 크고 정말 미인인 데다가 엄청 멋쟁이야. 그런데 엄마는 왜 이렇게 키도 작고 뚱뚱하고 못생긴 거야? 나도 그런 예쁜 엄마가 있으면 좋겠어!" 자기 아이에게 이런 말을 듣는다면 어마어마한 분노와 증오를 느끼게 되지 않을까요?

아이들도 마찬가집니다. 아이가 부모로부터 다른 집 아이와 비교당하면서 인격적인 모독까지 서슴지 않는 이야기를 들을 때 마음속에 똑같은 분노와 증오가 일어납니다. 우리 아이를 다른 아이와 비교해서 비난하는 것은 하늘을 보고 침을 뱉는 일입니다. 그 침은 결국 자기 얼굴 위로 떨어집니다. 아이는 결국 자신의 유전자를 받고 태어났으니까요. 아이에게 왜 이렇게 머리가 나쁘고 바보 같으냐고 비난하는 일은 '나는 바보다'라는 말로 자신을 욕하는 것과 다르지 않습니다. 아이에게 한 번이라도 이런 어리석은 말을 내뱉은 적이 있다면 두 번 다시 하지 않기로 굳게 다짐하고 그 약속을 평생 지키기 바랍니다.

이 이야기를 들은 부모님들 중에는 가끔 반론을 펼치는 분이 계십니다. "저는 우리 아이 나이 때 공부도 아주 잘했고, 품행도 매우 좋았거든요." 아이가 공부를 못하고 품행도 나쁜 이유는 자신의 유전자 탓이 아니라고 항변하고 싶은 모양입니다. 그러면 저는 이렇게 대답합니다. "그건 당신의 어머니가 당신을 그렇게 키워주셨기 때문입니다. 그런데도 당신은 자기 아이를 제대로 키우지 못한 것같네요. 부모로서 제대로 양육하지 못한 책임을 아이 탓으로 돌리다니 부끄러운 일입니다. 깊이 반성하시고, 아이에게 사과하십시오!"

## 비교하는 말은 아이를 망치는 독

이야기를 다시 아이의 경우로 돌리겠습니다. "D는 정말 대단한걸. 그에 비하면 넌 왜 그렇게 바보 같고 아둔하니? 엄마도 D 같은 아이가 있으면 좋겠어!" 자기 부모에게 매일 이런 비난을 듣고 멀쩡할 수 있는 아이가 있을까요? 그럴 수는 없을 겁니다. 마음 같아서는 집을 나가버리고도 싶겠지만, 스스로 살아갈 능력이 없기 때문에 가출하기도 어렵고 어머니를 부정하지도 못하지요.

그러면 이 아이는 어떻게 마음의 평정을 유지할까요? 방법은 한 가지밖에 없습니다. 바로 엄마 대신 D를 부정하는 겁니다. '이 녀석 때문에 엄마가 나를 미워하는 거야. 이 녀석만 없어진다면….' 이런 생각이 머릿속을 꽉 채워버린 아이는 D의 물건을 감추거나 D에 대한 악담을 여기저기 퍼트리고 다니면서 D를 괴롭히기 시작합니다. 그것을 지켜본 반 친구들은 모두 D의 편을 들겠지요. 아이는 점점 혼자가 되고, 성격은 비뚤어지며, 매사에 삐딱하게 굽니다.

이 아이가 가다듬어질 기회를 갖지 못하고 그대로 자라나면 도리 없이 범죄자가 되어버립니다. 이 모든 결과의 시작은 끊임없이 다른 아이와 비교하면서 아이의 인성을 망가뜨린, 아이 어머니의 마음에도 없는 말 한마디입니다. 부모의 말 한마디가 아이에게는 약이 될 수도, 독이 될 수도 있습니다. 그러니 부디 아이 앞에서 말조심하시기 바랍니다.


## 아이가 태어나던 순간을 기억하자


다른 아이와 비교하면서 우리 아이를 비난하는 것만큼 부모가 해서는 안 되는 말이 또 있습니다. 무엇일까요? "낳아주었으니까 부모에게 감사해라!" "널 키워주고 있으니 부모에게 감사해라!" 바로 이런 말들입니다. 저는 아이가 태어나는 장면을 두 눈으로 직

접 본 적은 없지만, 생명이 탄생하는 순간인데 틀림없이 대단한 일일 거라고 생각합니다. 건강한 아이를 출산하기까지 부모는 또 얼마나 마음을 졸였겠습니까. 지금은 검사를 하면 일찍부터 태아에게 이상이 있는지 없는지 알 수 있다고는 하더군요.

어쨌거나 부모가 건강하게 태어난 아기를 맨 처음 품에 안았을 때의 감동은 그때까지 살면서 경험한 감동을 모두 더한 것보다 훨씬 더 클 거라고 생각합니다. 그 순간을 한번 떠올려보세요. 세상에 나온 아이를 첫 대면한 부모의 마음은 오직 이것뿐일 겁니다. '아가야! 건강하게 태어나줘서 고마워. 엄마 아빠는 너를 만나서 정말로 행복해!' 그런데 그 마음이 어쩌다 겨우 몇 년 만에 '낳아줬으니까 감사해라!'로 변하는 것일까요?

저도 학생들을 가르치다 보면 큰 기쁨을 느끼는 순간들이 있습니다. 어떨 때냐고요? 가르치는 대로 잘 따라와 주는 아이가 하루가 다르게 성장해가는 것을 보는 것은 아주 기분 좋은 일이지요. 하지만 그보다 더 기쁠 때가 있습니다. '이 녀석은 어떻게 해도 안 되겠는걸' 하고 포기했던 아이가 어느 순간 '어, 이 녀석 봐라. 이렇게 성장하다니!'라고 느껴질 때입니다. 바닥을 치던 성적이 오르고, 가고 싶어 하던 학교에 입학했냐고요? 아닙니다. 생각이라곤 하지도 않고, 문제를 보자마자 포기부터 하던 아이가 한 문제를 붙들고 5분 이상 집중해서 생각하기 시작했을 때입니다. 그럴 때 아이는 눈빛부터 변하면서 얼굴 표정이 완전히 달라집니다. 그 순간, 저는 기쁜 나머지 "정말 다행이다"라고 저도 모르게 혼잣말을 하곤 합니다. 그 아이를 위해서도, 저를 위해서도 '정말 다행'인 것입니다.

아이를 사랑하는 마음으로야 교사인 제가 아이들 부모님 마음에 비할 수 있겠습니까? 아이들에게 공부를 가르치는 게 전부인 저조차도 아이들에 대해 '성적을 오르게 해줬으니 감사해라'라고 생각하지는 않습니다. 부디 세상에 나온 아이를 첫 대면했을 때의 그 마음을 오래도록 잊지 마시기 바랍니다.


## 감사할 줄 아는 부모가 감사할 줄 아는 아이로 키운다

제가 가르치는 교실에서 나날이 성장해가는 아이들을 보면, 기쁨과 동시에 제 스스로 구원받는 듯한 느낌이 듭니다. 아이들이 성장해 가는 모습을 보는 것으로 제가 살아가는 의미를 부여받는 기분이랄까요. 결국 인간은 누군가에게 필요한 사람이 되는 기쁨, 누군가에게 도움을 주는 기쁨을 느낄 수 없다면 살아갈 수 없는 쓸쓸한 존재인 모양입니다.

같은 의미에서, 아이의 부모가 된다는 것은 살아가는 의미를 부여받는 것이라고 할 수 있습니다. 그러니 삶의 의미를 부여해주는 둘도 없는 존재인 자기 아이에게 감사해야 마땅합니다. 매일 당연한 듯이 옆에 있다 보면 감사함을 느끼지 못할 수도 있겠지요.

살다보면 어떤 사건이나 사고에 휘말려 어느 날 갑자기 내 자식이 눈앞에서 사라져버리는 불행을 겪기도 합니다. 그렇게 아이를 잃은 부모는 하루하루 살아가는 일이 지옥과 같을 겁니다. 그런 시간을 어떻게 견딜 수 있겠습니까. 그제야 '곁에 있을 때 더 사랑해 줄걸' 하고 후회해봐야 이미 늦습니다. 그러니 아이가 오늘도 건강하게 생활하고 있다는 것만으로도 감사하십시오. 감사할 줄 아는 부모 밑에서 자라는 아이는 부모에게 감사할 줄 아는 아이로 자랍니다.

아이를 키우고 가르치는 일에 스스로 소양도, 능력도 없다고 생각하십니까? 오로지 혼자만의 힘으로 아이를 올바른 방향으로 잘 이끌어야 한다고 생각하면 누구라도 숨이 막힐 수밖에 없습니다. 눈에 넣어도 안 아플 내 아이가 나 때문에 혹시라도 잘못되면 어쩌나 하는 걱정, 부모라면 누군들 해보지 않았겠습니까. 이렇게 생각해보는 건 어떨까요? 내가 완벽한 부모로서 아이를 성장시키는 것이 아니라, 아이를 키우면서 아이와 함께 부모인 나도 성장하는 거라고 말입니다.

아이를 키우다 보면 아이에게 배우는 것 또한 상당히 많습니다. 게다가 아이는 하루가 다르게 성장하고 있기 때문에 함께 성장하지 않는 부모는 아이에게 결국 추월당합니다. 발전 없이 늘 같은 말과 행동을 되풀이하는 부모를 자라고 있는 아이가 눈치 채지 못

할까요? 언젠가는 그런 부모의 모습을 알고, 다 자란 자녀가 부모를 포기해버립니다.

아이를 키우는 것은 아이와 함께 부모가 성장하는 일이기도 합니다. 아이를 키우는 동안 경험하는 모든 일에서 부모로서 자신이 성장하는 모습을 발견하는 기쁨을 기꺼이 만끽하시길 바랍니다.

**꼭 기억합시다!**

- 내가 낳고 기른 내 아이를 부정하고 비난하는 일은 '하늘 보고 침 뱉기'입니다. 특히 다른 집 아이와 비교하면서 인격적인 모독까지 서슴지 않는 언행은 절대 삼가야 합니다.

- 아이는 부모에게 살아갈 의미를 부여하는 둘도 없는 존재입니다. 늘 감사하는 마음으로 아이를 대합시다.

- 아이를 기르고 가르치는 일은 아이만이 아니라 부모가 함께 성장하는 일임을 기억합시다.

# 겁쟁이 엄마가
# 흔히 하는 변명들

아이들을 가르치다 보면 부모님, 특히 아이 어머니와 상담을 하는 경우가 많습니다. 그 중에는 전혀 어른스럽지 못한 분들도 있더군요. 노력의 의미와 가치를 모르고, 실패와 좌절을 두려워만 할 뿐 그 경험에서 배우지 못하는 어머니들 말입니다. 한마디로 '겁쟁이 엄마'입니다. 그런 어머니들도 안됐지만 사실 더 안타까운 것은 그 아이들이지요. 여기서는 겁쟁이 엄마들이 흔히 하는 변명들을 얘기해볼까 합니다.

가장 흔히 들을 수 있는 변명입니다. 우리 아이는 마음이 여리고 착해서 도저히 다른 사람을 밟고 올라설 수 없다는 거지요. 하지만 정신력이 약하고 학습력(공부하는 힘)이 낮은 것과 마음이 착한 것 사이에는 아무 상관도 없습니다. '야사시이'한 것은 마음이 아니라 머리겠지요.(일본어로 '상냥하다'와 '쉽다'는 모두 '야사시이'로, 한자만 다르고 소리는 같다.-옮긴이) 마음이 온순하고 상냥해서가 아니라 머리가 쉽고 단순하다는 말입니다.

다른 사람과의 경쟁을 피할 수 없는 것이 우리의 삶인데, '사람을 밀어제친다'는 건 어떤 것입니까? 버스를 기다리는 줄에서 새치기를 하는 것일까요? 아무도 그런 일을 하라고는 하지 않습니다. 이런 부모의 말대로라면 사람을 밀어제칠 수 없을 만큼 마음이 착한 아이는 자기 뒤에 줄을 서는 사람에게 "먼저 가세요"라고 자기 순서를 양보할까요? 그렇다면 이 아이는 다른 사람에게 양보만 하느라 절대 버스를 탈 수 없으며, 버스를 타고 목적지에 가야 하는 자신의 목적을 결코 이룰 수 없겠지요.

달리기 시합에서도 마찬가지입니다. 다른 사람을 이기면 미안하니까 꼴찌로 달려야 하나요? 성적을 다투는 시험에서도 친구를 이기면 미안하니까 일부러 0점이라도 맞아야 할까요? 자신의 모든 권리는 포기한 채 항상 자신보다 남을 먼저 생각해야 하나요?

그런 인생이 과연 의미가 있을까요?

"우리 아이는 마음이 여려서 다른 사람을 밀어제치는 건 도저히….."라는 말을 습관처럼 하는 어머니는 '사람을 밀어제친다'는 표현을 아마도 이렇게 이해하는 것 같습니다. 옳지 않은 방법으로 다른 사람을 밟고 올라서서 이긴다. 예를 들면 이런 거지요. 경기 전에 경쟁자가 마실 음료에 설사약을 섞는다든지, 신발 속에 압정을 넣는다든지 하는, 오직 이기기 위해 비열한 행위까지 마다하지 않는 것 말입니다.

혼동하지 마시기 바랍니다. 경쟁에서 다른 사람을 밀어제치고 이기라는 건, 이런 행동을 하라는 말이 아닙니다. 누가 자기 아이에게 이런 비열한 짓을 하라고 가르치겠습니까. 하지만 열심히 노력해서 성장하고, 그에 합당한 결과를 얻는 것은 양심의 가책을 느낄 이유가 전혀 없습니다. 다른 사람과의 경쟁을 피할 수 없는 세상에서 정당한 방법으로 자신의 실력껏 승리를 얻어내는 것은 오히려 응원할 일이지요.

인권옹호단체 관련자들도 비슷한 말을 하곤 합니다. 경쟁에서 늘 지기만 하는 아이는 얼마나 불쌍하냐며 과도한 경쟁의 폐해를 운운하지요. 그러나 생명의 원리가 곧 경쟁의 원리입니다. 경쟁을 부정하는 것은 생명을 부정하는 일입니다.

남성은 한 번의 사정으로 약 3억 5천만 마리의 정자를 방출한다고 합니다. 그 중에서 난자까지 도착해서 수정에 성공하는 정자는 오직 한 마리뿐입니다. 3억 5천만 마리 중 단 한 마리입니다. 무려 3억 5천만 대 1의 경쟁률이라는 거지요. 터무니없을 만큼 엄청난 경쟁률 아닌가요? 그런 혹독한 경쟁을 뚫고 저도, 여러분도, 우리 아이들도 이 세상에 태어난 것입니다.

생명의 탄생이 이런 경쟁의 원리를 이미 바탕에 깔고 있습니다. 인권옹호단체의 주장대로라면, 이 경우에도 나머지 3억 4천9백9십9만 9천9백9십9마리의 정자들에게 하나씩의 난자를 할당하는 게 옳겠지요. 있을 수도 없고, 있어서도 안 되는 일입니다. 비정하게 들리겠지만 자연계의 법칙은 적자생존입니다. 인간사회라고 예외일 순 없겠지요. 경쟁은 당연한 것입니다.



### 둘째, "우리 아이는 열심히 해도 안 돼요!"

머리를 쓰지 않아도 점점 머리가 좋아지는 아이는 세상에 없습니다. 공부를 잘하고 성적이 좋은 아이들은 그만큼 머리를 잘 사용하고 있는 거지요. 노력하고 있다는 겁니다. 반대로, 그렇지 않은 아이들은 머리를 쓰지 않습니다. 노력을 하지 않는다는 거지요. 공부는 결단코 시간의 문제가 아니라 집중력의 문제입니다.

대개 공부를 못하는 아이일수록 공부시간이 깁니다. 그러다 보니 아이 스스로도 그 부모도 '열심히 노력하고 있어'라고 생각하는데, 착각입니다. 하기 싫은 것을 참고 하는 게 '노력'이라고 오해하고 있기 때문입니다. 그런 노력은 절대 오래 갈 리가 없습니다. 좋아하는 것을 최선을 다해 노력하는 것이 올바른 노력입니다.

아이들을 가르치기 시작하고 얼마 안 됐을 무렵, 저는 학습력의 차이는 집에서 하는 공부에서 생긴다고 생각했습니다. 같은 선생님한테 같은 교재로 같이 수업을 듣는데 학원 수업에서 차이가 날 리는 없다고 생각한 거지요. 그런데 곧 그것이 큰 오해라는 것을 깨달았습니다. 아이들의 학습력은 집이 아니라 교실에서 하는 수업 중에 큰 차이가 벌어집니다. 심지어 이런 결론까지 얻게 되었지요. 수업 중에 머리를 쓰지 않는 아이는 집에서 어떤 공부를 시켜도 쓸데없다!

왜 그러냐고요? 교실과 집의 학습 환경을 비교해보면 금방 이해하실 겁니다. 교실과 집 중에서 아이가 공부할 때 긴장감이 높은 쪽이 어디일까요? 당연히 교실입니다. 교실과 집 중에서 아이의 집중력이 높아지는 곳은 어디일까요? 이것도 물론 교실입니다. 훨씬 더 높은 긴장감을 갖고, 훨씬 더 집중할 수 있는 교실에서도 머리를 쓰지 않는 아이가, 긴장감과 집중도가 교실보다 더 떨어지는 집에서 머리를 쓸 리가 있을까요? 당연히 아니겠지요.

아이들의 학습력 차이는 집이 아니라 교실에서 생깁니다. 그러니 집에서 공부하는 시간이 길다고 해서 그 모습만 보고 "원래 잘하는 아이는 안 해도 잘하겠지만, 우리 아이는 열심히 해도 안 된

다”는 변명은 하지 마세요. 머리를 쓰지 않고도 공부 잘하는 아이
는 절대 없습니다.


### 셋째, “우리 아이는 수학에 자신이 없어서….”

저는 교실에서 종종 이렇게 말합니다. “실력도 없는 녀석이 자신
따위는 갖는 게 아니야!” 너무 냉정한가요? 맞습니다, 냉정해야
합니다. 실력도 없는 놈이 근거 없는 자신감만 가득할 때야말로
문제이기 때문이지요. 아이의 기를 살린답시고 실력도 없는 아이
에게 얼토당토 않는 자신감만 불어넣으면 어떻게 될까요?

 “걱정 마! 넌 할 수 있어. 네가 못 하면 아무도 못 하지, 그럼!”
늘 부모가 이런 말로 필요 이상의 자신감을 불어넣어준 아이가 있
다고 합시다. 시험 당일에도 부모의 격려로 잔뜩 힘을 얻은 아이
는 시험지를 받고 엄청난 속도로 문제를 풀어내려갑니다. 심지어
50분짜리 시험을 20분 만에 끝내버립니다. 그래놓고도 다시 훑어
볼 생각 따위는 하지 않습니다. 이 정도면 자신감이 아니라 자만
심이지요. 아이는 이렇게 생각할 겁니다. ‘나님’께서 쓴 답이 틀릴
리가 없지!

 이래서야 좋은 점수를 받을지는 몰라도 노력과 실력의 인과관
계는 절대 터득할 수 없습니다. 세상을 너무 만만하게 보고 있는

거지요. 술술 풀리는 문제는 아무리 많이 풀어도 의미가 없습니다. 그런 문제를 푸는 동안은 아이가 머리를 쓸 이유가 전혀 없기 때문이지요. 힘이 센 사람은 어떤 무거운 물건이라도 가볍게 들어올릴 수 있다고 생각하시나요? 그들에게도 한계는 있습니다. 다만, 지금 100킬로그램을 가볍게 들어올리는 사람은 150킬로그램을 들어올리기 위해 이를 악물고 연습할 뿐입니다. 그래서 마침내 150킬로그램을 들어올리는 데 성공하는 거지요. 아무 노력도 없이 결과를 얻는 사람은 없습니다.

수학공부에서 아이가 자신감을 갖게 되는 과정을 정리하자면, 아래와 같이 생각해볼 수 있습니다.

1. 문제에 관심을 갖는다.(관심 자체가 없으면 실력은 늘지 않습니다.)
2. 오로지 생각하면서 머리를 쓴다.(모른다고 절대 가르쳐주면 안 됩니다.)
3. 풀어도 못 풀어도 실력은 늘어난다.
4. 자신감이 생긴다.

이 과정을 반복하는 것이야말로 수학 공부에 자신감을 붙이는 최고의 방법입니다. 그런데 아이를 학원에 보낸 부모님들 중에는 어떻게 해서라도 아이를 최상위 반에 넣으려고 수단과 방법을 가리지 않은 분들이 있습니다. 운이라도 좋으니 한번이라도 최상위 반에 들어가면 아이가 자신감도 생기고 성적도 오를 거라고 철석같이 믿지요. 전년도 레벨테스트 기출문제를 구해서 반복 또 반복해서 풀게 하고, 그래도 안 되면 아예 통째로 외우게 합니다.

이게 과연 효과가 있을까요? 학원에서 정기적으로 보는 시험은 매년 같은 시기에 같은 범위에서 출제되기 때문에 문제도 작년과 거의 비슷합니다. 또 학원 입장에서는 작년 학생들과의 수준을 비교하기 위해 심지어 지난해와 똑같은 문제로 시험을 보는 경우도 있지요.

이런 준비 과정을 거쳐 보는 시험에서 아이는 당연히 그 어느 때보다 문제를 술술 풀어나가겠지요. 정답을 알고 있으니까요. 문제를 이해하지 못해도 보는 순간 척척 답을 쓸 수 있습니다. 이 시험에서 아무리 좋은 성적을 얻은들 실제 입시에서는 전혀 도움이 되지 않습니다. 상위 그룹의 학교일수록 단순 암기식의 공부에 익숙한 학생들을 꺼립니다. 그런데 수학조차 암기하려 하다니요!

자신감은 그렇게 해서 생기지 않습니다. 어떤 일을 해나가는 과정에서 장애물을 만나 넘어지더라도 스스로의 힘으로 일어나 넘어설 때만 조금씩 쌓이는 것입니다. 이런 경험이 반복될수록 아이는 점점 더 자신감 넘치는 아이로 성장해갈 수 있습니다. 노력 없이 달콤한 열매를 탐하는 아이는, 자신의 아이를 노력할 줄 모르는 아이로 키우는 부모가 만들어냅니다.

노력을 해본 적이 없는 사람이 자주 하는 말입니다. 이런 말도 잘 하지요. "지금부터 죽을 각오로 덤비겠어!", "죽기 아니면 까무러치기지 뭐!" 목숨 따위는 싼값에 팔아버릴 듯 쉽고 가볍게 잘도 떠듭니다. 노력은 입으로 하는 게 아닙니다. 말로 뱉기는 쉽지만 그것을 실천하는 데에는 어마어마한 시간과 땀이 필요하지요.

제 수업에 오는 학생들의 가정은 꽤나 여유가 있는 편입니다. 아버지들 대부분이 사회적으로 성공한 분들이지요. 그 위치에 오르기까지 열심히 노력했을 것이고, 누구보다 노력의 중요성을 잘 알고 있을 겁니다.

그런데 이런 남자들이 아내를 얻을 때는 자신과 비슷한 타입의 여성을 선택하지는 않는다는 것을 최근에 알게 되었습니다. 일하는 여성이 아니어도 좋으니 따듯하고 편안하게 가정을 지켜줄 수 있는 사람을 오히려 더 좋아하는 것 같더군요. 이런 여성들은 대부분 부모 슬하에서 애지중지 자라 별 어려움 없이 대학을 졸업하고, 취직해서 사회경험을 해볼 새도 없이 약간의 신부수업을 받고 결혼을 합니다. 무언가를 얻기 위해 필사적으로 노력해본 경험이 없는 경우가 많지요.

이런 어머니들이 아이를 키우는 것에 대해 어떻게 생각하십니까? 저는 문제가 많다고 봅니다. 아이를 키우고 가르친다는 것은 세상을 살아나가는 법을 전하는 것입니다. 어려서는 부모 울타리 안에서 보호받고, 결혼해서는 남편 그늘 밑에서 보호받고, 독립해서 살아보지도 않았으며 사회생활 경험도 없는 어머니가 아이에게 전할 수 있는, 세상을 살아나가는 법이란 게 과연 있을까요?

학부모 상담을 하면 대부분 어머니들을 만나게 되는데, 저는 그때마다 의문이 끊이질 않았습니다. '이 나이에도 이렇게 철이 없을 수가!' '초등학생 아이를 둔 어머니가 이렇게 믿음직스럽지 못하다니!' 꽤 시간이 흐르고 많은 학부모들을 만나보고서야 이런 공통점들을 파악할 수 있었습니다.

자녀교육 문제를 아내들에게만 떠맡기는 아버지들께 꼭 당부하고 싶습니다. 아이 교육에는 아버지의 참여가 반드시 필요합니다!

---

**꼭 기억합시다!**

- 경쟁은 나쁜 것이 아닙니다. 정당한 방법으로 자신의 실력껏 승리를 얻어내는 것은 오히려 응원할 일입니다.

- 노력은 하기 싫은 것을 참고 견디는 것이 아닙니다. 좋아하는 것을 최선을 다해 하는 것이 올바른 노력입니다.

- 자신감은 장애물을 만나 넘어지더라도 스스로 일어나 극복해나갈 때 조금씩 쌓여갑니다.

- 아이를 키우고 가르친다는 것은 세상을 살아나가는 방법을 전하는 것입니다.

# 온순한 아이보다는
# 강한 아이로 키워라

'우優'와 '강强' 두 글자 중 어느 글자를 좋아하십니까? 상냥하고 온순하다는 뜻의 '우'와 강하고 굳세다는 뜻의 '강' 중 일본인들은 아마 대부분 '우'자를 더 좋아할 겁니다. 그래서 아이 이름을 지을 때도 '우'자를 자주 사용하곤 하지요. 내 아이가 상냥하고 온순하게 자라기를 바라는 부모의 마음을 담고 싶었을 겁니다. 그런데 아이 이름에 '강'자를 쓰는 경우는 거의 없지요. '우'자가 상냥하고 편안한 이미지인 데 반해, '강'자에는 거칠고 센 이미지가 있기 때문일 겁니다.

"아이가 장래에 어떤 사람이 되었으면 좋겠습니까?" 아직 자녀가 어린 부모에게 이런 질문을 하면, 가장 많은 대답은 이렇지 않을까요. "친절하고 남을 배려할 줄 아는 사람으로 자라주기를 바랍니다." 이 답변에 대해 어떻게 생각하시나요? 저는 이 답은 옳지 않다고 생각합니다.

## 어설픈 친절이 아니라 진정한 배려를 가르치자

친절하고 남을 배려할 줄 아는 사려 깊은 사람이란 어떤 사람을 말하는 걸까요? 지하철 안에서 어르신이나 장애우에게 자리를 양보할 줄 아는 사람일까요? 물론 그런 마음을 낼 줄 아는 사람이라면 친절하다고 해도 틀리진 않겠지만, 그건 친절이라기보다는 그냥 상식이 아닐까요.

또 자리를 양보하는 것이 오히려 상대를 불쾌하게 만드는 경우도 있습니다. 매일 열심히 운동을 하고 스스로는 아직 충분히 젊다고 자신하는 사람이 지하철 안에서 낯선 청년에게 자리를 양보받았다면 어떨까요? 그것도 "할아버지, 이리로 앉으세요!"라는 말과 함께 말입니다. 나름대로 친절을 발휘한 청년에게 차마 대놓고 화를 내지는 못했겠지만, 아마 상당히 불쾌할 뿐 아니라 꽤 충격을 받았겠지요. '내가 그렇게 늙어 보인단 말이야? 아직 할아버지 소리를 들을 나이는 아닌데!' 하는 마음으로 얼굴빛이 굳을지도 모릅니다. 살이 쪄서 배가 좀 나왔을 뿐인 여성을 임신부로 알고 자리를 양보한 경우는 친절을 베푼 게 아니라 오히려 큰 실례가 됩니다.

부끄럽지만 제 이야기를 하나 하겠습니다. 열일곱 살 때였습니다. 친구와 지하철을 타고 나란히 앉아 어디론가 가고 있었는데, 얼마쯤 지나자 전동차 안이 많이 혼잡해지더군요. 쉰 살쯤 돼 보이는 여자 분이 제 앞에 서기에, 저는 얼른 일어나 "여기 앉으세요"라며 자리를 양보했지요. 지금 생각하면 참 부끄러운 일입니다만, 그때 저는 순수한 마음으로 자리를 양보한 게 아니었습니다. 그 여자 분을 생각해서가 아니라 옆자리에 앉아 있던 친구에게 '내가 이렇게 친절한 사람이야!'라고 과시하고 싶었던 것뿐이었습니다.

그 순간, 그 여자 분의 표정이 지금도 생각납니다. 분명 친구 앞에서 자랑스럽게 뻐기는 얼굴을 하고 있었을 저를, 복잡한 표정으로 쳐다보더군요. 마치 이렇게 말하는 것 같았습니다. '이만한 일로 저렇게 뻐기는 건 곤란한데….'

남에게 친절을 베푸는 많은 경우가 다른 사람의 눈을 의식해서이거나 '내가 이런 사람이야' 하는 자아도취입니다. 이런 친절은 받는 쪽에서도 부담스러운, 친절이랄 수 없는 친절입니다. 안 하느니만 못한 거지요.

진심으로 남을 배려할 줄 아는 사람은 상대가 곤란하지 않게 한 번 더 생각하고 행동합니다. 지하철에서 자리를 양보하는 경우라면, 어르신이나 장애우나 임신부 등을 보고 자리 양보가 필요하다고 생각되는 순간, 그냥 조용히 자리에서 일어나면 됩니다. 그러면 그 자리에 앉고 앉지 않고는 상대의 선택에 달린 일이 되지요. 예를 든 경우처럼, 자리를 양보한 사람이 오해해서 생길 수 있는 실례를 범할 일도 없습니다.

곤란한 상황에 처한 사람이나 고통받는 사람을 상대의 입장에서 도울 줄 아는, 진짜 배려를 아는 사람들이 있지요. 자신도 같은 어려움을 당한 적이 있고, 그것을 극복해낸 사람들입니다. 이들은 상대를 불쾌하게 만드는 어설픈 친절을 베푸는 사람이 아니라, 진정으로 강한 사람들입니다.


### 진짜 강하다는 것


'강하다'라는 말은 때로 오해의 여지가 있는 것 같습니다. '굳세다'라는 좋은 의미가 아니라 '거칠다', '억세다'라는 뜻으로 쓰이는 경우가 그렇지요. 강한 것은 난폭한 것과는 전혀 다릅니다. 강도나 살인범을 강한 인간이라고 할 수 있을까요? 오히려 범죄자들의 대부분은 자신의 욕망에 지고 만 약한 사람들입니다. 흉악한 범죄자들은 절대 자기보다 강한 상대를 덮치지 않지요. 그들이 범죄의 대상으로 삼는 사람은 자기보다 약한 상대입니다. 그것도 무기를 사용해서 기습적으로 덮치지요. 얼마나 겁쟁이들입니까. 결코 강한 사람들이 하는 일은 아닙니다. 행동이 난폭하고 흉악한 것과 사람으로서 강하다는 것은 전혀 다른 문제입니다.

인간으로서 자신을 강하게 단련하는 것은 자신의 선택에 달렸습니다. 사람이라면 편한 것에 이끌리는 것이 인지상정이지요. 하지만 편한 것만 추구하고 거기에 안주하다 보면 자신의 능력을 키우는 것도, 그럼으로써 자신의 가능성을 넓히는 것도 불가능합니다. 편안함에 이끌리는 약한 마음을 극복해 나아가면서 사람은 성장하는 것입니다. 그렇지 않고 자신을 응석받이로만 만드는 것은 결코 자신을 소중히 여기는 일이 아닙니다.

자신을 엄격하게 통제할 줄 모르는 사람은 다른 사람을 소중히 여길 줄도 모릅니다. 남을 소중히 여기지 않는 사람이 다른 사람에게 존중받을 리도 물론 없겠지요.


## 약한 사람일수록 허세를 부린다


'난 사람들에게 이렇게 친절한데, 왜 내게는 아무도 친절하지 않은 거야?' '이렇게 열심히 일하는데, 왜 회사에서는 나를 좋게 평가해주지 않는 거야?' 이런 생각, 해보신 적 없나요? 주변 사람들 중에 이런 사람을 보신 적은요? 자기가 한 일은 과대평가하고, 남이 한 일은 과소평가하는 것이 약한 인간의 특징입니다.

약한 사람들은 겸손하기도 힘들지요. 겸손하다는 것은 자신의 약점과 단점을 솔직하게 인정하고 받아들인다는 것입니다. 마음의 힘이 강한 사람들만이 할 수 있는 일입니다. 약한 사람들은 그럴 만큼 마음의 힘을 기르지 못한 거지요. 강한 사람은 스스로를 강하다고 생각하지 않습니다. 마찬가지로, 우수한 사람은 스스로를 우수하다고 생각하지 않습니다. 그렇기 때문에 계속 노력함으로써 더 강하고, 더 우수한 사람으로 성장할 수 있는 것입니다.

반대로 약한 사람은 자신을 강하게 보이려고 온갖 허세를 다 부리지요. 언뜻 보기에 강해 보이는 사람은 알고 보면 오히려 약한 사람입니다. 있는 그대로의 자기 모습을 받아들일 용기가 없다 보니 그렇게라도 강한 척을 하는 거지요. 벼는 익을수록 고개를 숙이고, 빈 수레가 요란한 법입니다.

이제 다시 묻겠습니다. 내 아이가 어떤 사람으로 성장하기를 바라십니까?

---

**꼭 기억합시다!**

- 상냥한 아이보다 강한 아이로 키우세요. 강한 아이는 상대의 입장까지 배려하면서 돕는 진짜 친절을 베풀 줄 압니다.

- 자기과시용 또는 자아도취용 친절, 상대가 부담을 느낄 만한 친절은 친절이 아닙니다.

# 극복할 수 있는 상처라면
# 어려서부터
# 경험하게 하자

자신의 아이가 상처받는 모습을 보는 것만큼 부모로서 힘든 일은 없을 것입니다. 그거야말로 몸을 도려내는 듯한 통증이겠지요. 어떻게 해서든 내 아이가 몸의 상처, 마음의 상처를 덜 경험하고 살아갈 수 있기를, 할 수만 있다면 나라도 대신 감당하기를 바라는 게 부모 마음일 겁니다.

그렇다면 마음의 상처도 몸의 상처도 입지 않고 살아가는 게 과연 행복한 일일까요? 그런 일은 현실적으로 가능하지도 않겠지만, 상처 없는 인생이 행복할 수도 없습니다. 긁히거나 찢어진 상처자국 하나 없이 어떻게 일생을 보낼 수 있겠습니까? 또한 사람과 사람이 관계를 맺고 살아가는 한 서로 상처를 입고 상처를 주는 것을 어떻게 피할 수 있겠습니까? 만약 "나는 태어나서 지금까지 한 번도 다른 사람에게 상처를 준 적이 없다"라고 단언하는 사람이 있다면, 그는 다른 사람의 고통에 공감하지 못하는 지극히 둔감한 신경을 가진 사람일 겁니다.

## 다쳐본 아이가 조심한다

먼저, 몸의 상처에 대해서 이야기해볼까요. 아직 어린 아이가 칼을 만지는 것은 아주 위험한 일이 맞습니다. 하지만 위험한 것도 겪어봐야 위험한 줄 알겠지요. 그런데 부모님들 중에는 위험하다는 이유로 아이에게서 경험 자체를 아예 제거해버리는 분들이 종종 있습니다. 위험하니까 애들은 칼을 절대 만지지 못하게 하는 환경을 만들어버리면 아이는 칼의 위험을 모른 채로 자라게 됩니다. 그게 과연 옳은 일일까요? 그게 정말 아이를 행복하게 만드는 일이라고 생각하십니까?

아이들은 눈에 보이는 모든 일에 흥미를 느끼고, 무엇이든 스스로 해보고 싶어 합니다. 앞에서 말씀드린 대로 본능적으로 타고나는 학습 욕구입니다. 태어나서 처음 경험하는 것들인데 얼마나 궁금하고 신기하겠습니까?

엄마가 칼로 사과껍질을 깎고 있는 모습을 본다면, 분명 "엄마

그거 뭐하는 거야? 나도 해보고 싶어!"라고 말할 겁니다. 물론 너무 어린 아이라면 "아직은 네가 어려서 위험하니까 조금 더 큰 다음에!"라고 주의를 주며 말려야 합니다. 하지만 초등학생 정도의 나이라면 부모가 지켜보는 가운데 하게 해보는 것도 좋지 않을까요? "너도 한번 해볼래? 대신 다칠 수 있으니까 조심해야 해!"라고 주의를 주면서 사과와 칼을 건네줘 보세요.

아이는 불안한 손놀림으로 사과껍질을 깎다가 실수로 상처를 입기도 할 겁니다. 상처에서 피가 흐르고 통증도 느끼겠지요. 아이는 어쩌면 아픈 것보다 피를 보고 놀란 마음에 엉엉 울어버릴지도 모릅니다. 이때 부모가 침착함을 잃지 않고 잘 대처해야 합니다. 아이의 상처를 재빨리 소독하고 피를 멈추게 한 후 붕대를 감아주고, 아이가 놀란 마음을 진정시키고 울음을 멈출 때까지 꼭 안아주면 됩니다. 이것으로 아이는 '칼을 사용할 때 주의하지 않으면 다칠 수 있구나'라는 잊지 못할 강렬한 경험치를 쌓은 것입니다.

아이가 다치지 않고 사과를 깎았다면 어땠을까요? 아이는 처음 해보는 일을 잘 해낸 스스로에 대해 자신감은 갖겠지요. 하지만 자신감은 사람을 방심하게 만들기 때문에 아이는 언젠가 같은 일에서 꼭 한 번은 실수를 하게 될 것입니다.

'매도 먼저 맞는 게 좋다'란 말이 있지요. 처음 경험하는 상처는 빠르면 빠를수록 좋은 경우가 많습니다. 처음 사과를 깎을 때 성공하고 나면, 아이는 '나는 칼을 잘 다루니까 절대로 상처는 입지 않아'라고 생각하기 쉽습니다. 부모도 '우리 아이는 손은 잘 쓰는 편이니 안 다치겠지'라고 생각하겠지요. 그렇게 방심하는 순간, 바로 큰 상처를 입게 됩니다.

사과 깎는 일에 비유했지만, 그것만은 아니겠지요. 처음 경험하는 상처는 그 시기가 늦으면 늦을수록 충격도 크고 회복도 더딥니다. 그러니 어차피 경험해야 할 일이라면 빨리 경험하는 편이 낫습니다. 사과를 깎다가 한 번이라도 칼에 손을 베어본 아이는 다음번에 칼을 다룰 때 조심할 수밖에 없습니다. 칼의 위험을 모른 채 함부로 칼을 휘두르지는 않겠지요.

## 소중한 것은 잃어봐야 비로소 깨닫는 법

'여유교육'이 새로운 교육의 방향으로 자리 잡으면서 '마음의 교육', '생명의 교육'이라는 말도 같이 언급되었습니다. 하지만 전혀 교육적인 성과는 없이 '형태가 잡히지 않는 교육'이 돼버린 후, 이제 아무도 이 말을 입에 올리지 않습니다.

아이들은 때로는 무자비하고 잔인한 행동을 합니다. 아무렇지도 않게 작은 곤충의 날개와 다리를 뜯어버리거나 짓밟아버리지요. 아이들이 잔인해서일까요? 그렇지는 않습니다. 그저 단순히 아직 생명의 의미를, 생명의 소중함을 잘 모를 뿐입니다. 그렇다면 아이들에게 생명의 소중함을 어떻게 가르치면 좋을까요?

제 어린 시절의 경험을 얘기해보겠습니다. 저는 어려서 시골에서 자랐습니다. 문 밖만 나서면 온갖 가지 자연을 얼마든지 접할 수 있었지요. 초등학교 저학년 때에는 곤충이나 물고기를 잡아와서 상자나 수조에서 많이 기르기도 했습니다. 거북이를 빼고는 그다지 오래 살지 못하더군요. 하지만 곤충이나 물고기가 숱하게 죽는 걸 보면서도 슬프다는 감정은 거의 생기지 않았습니다.

초등학교 2학년 때였던 것 같습니다. 부모님이 십자매를 한 쌍 사주셨지요. 알을 낳고 그 알에서 새끼가 부화하는 것도 봤습니다. 그 새들도 일 년이 채 못 돼서 죽었는데, 곤충이나 물고기가 죽었을 때에 비하면 좀 힘든 경험이었지만 슬퍼서 울 정도는 아니었습니다.

다음번에는 부모님이 잉꼬를 사주셨어요. 아직 혼자서 모이를 먹을 수도 없을 만큼 어린 녀석이라 새 모이를 사다가 절구에 찧은 다음 따뜻한 물에 개어서 먹여줘야 했습니다. 어린 아이가 하기에는 번거로울 만도 한데, 그 일을 참 즐겁게 했던 기억이 있습니다. 아마도 제가 그 새를 많이 사랑했던 것 같습니다. 몸짓이나 울음소리뿐 아니라 새의 모든 것이 사랑스러웠고, 아무리 쳐다보고 있어도 질리지 않았으니까요. 태어나서 처음으로 살아 있는 것을 사랑스럽게 느낀 경험이었습니다.

그러던 어느 날이었어요. 워낙 어려서부터 같이 지내서인지 사람에 대한 경계심이 전혀 없던 녀석은 제가 바닥에 누워 뒹굴고 있으면 금방 제 몸 아래로 날아 들어와 재롱을 떨곤 했거든요. 어느 날 밤은 잠자리에 누워 녀석과 장난을 치며 놀다가 스르륵 잠에 빠졌는데 잠결에 뒤척이던 저한테 녀석이 그만 깔려버리고 말았던 겁니다. 놀라서 잠을 깼지만 이미 녀석의 몸은 차갑게 굳어 가고 있더군요. 조금 전까지만 해도 그토록 사랑스럽게 이리저리 돌아다니며 지저귀고 있었는데 말입니다.

저는 너무 놀라고 당황했지만 어떻게 해도 이미 숨이 끊어진 새를 살려낼 수는 없었습니다. 그때 저는 처음으로 '다시 되돌릴 수 없다'라는 말의 의미를 이해했습니다. 더할 나위 없이 소중한 것을 잃어버리고 가슴이 터질 듯한 슬픔을 실감했던 거지요. 이때 처음으로 생명이라는 것의 의미와 가치를 알게 되었습니다.

다음날 아침에 퉁퉁 부은 눈으로 하염없이 눈물을 흘리면서 새를 묻어주러 갔지요. 그 작은 몸을 땅에 잘 묻어주고 두 손을 모아 진심으로 기도하고 반성했습니다. 그 후로는 살아 있는 모든 것을 소중히 여기게 되었지요.

반려동물이 아이들 정서교육에 좋다고 해서 키우는 집들이 많습니다. 반려동물을 돌보고 그 동물들과 교감하는 경험은 더없이 좋은 교육입니다. 그런데 살아 있는 동물은 언젠가는 죽을 수밖에 없으니 아이들이 상처받고 괴로워 할까봐 기르고 싶지 않다는 부모님들도 있더군요. 그것은 잘못된 생각입니다. 반려동물을 기르면서 아이들에게 가장 좋은 교육은 바로 생명의 소중함을 일깨우는 것인데, 이 경험은 소중한 생명을 잃어봐야 비로소 깨달을 수 있습니다. 물론 사랑으로 보살피던 동물의 죽음을 본 아이는 슬퍼하겠지만, 생명의 의미와 가치를 알기 위해서는 아이에게도 그런 경험이 반드시 필요합니다. 그리고 반려동물과 지낸 즐거운 시간은 평생 행복한 기억으로 남아 있습니다.

극복할 수 있는 상처라면, 몸의 상처도 마음의 상처도 어릴 때부터 경험하게 하는 것이 옳습니다. 그 아픔과 슬픔과 괴로움을 겪고 극복해내면서 아이는 마음이 강해지고 다른 사람에 대한 배려와 친절이 싹틉니다. 그런 경험이 없이 어른이 되는 것이야말로 우리 사회가 가장 걱정해야 할 무서운 일입니다.


## 실패와 상처가 사람을 키운다


현대사회는 날이 갈수록 흉악한 범죄들이 늘어나고 있습니다. 그중 하나가 '묻지 마 살인'이라는 거지요. 아이들을 범행 대상으로 노리는 경우도 빈번했습니다. 범인이 잡히고 범행 동기를 물으니 이렇게 대답하더군요. "짜증이 나서 그랬다", "화를 풀어야 했는데 누구라도 상관없었다" '묻지 마 살인'이라는 표현 그대로 범행

동기나 대상에 대해 특별한 이유가 따로 없습니다. 무섭고 섬뜩한 일입니다.

그런 범행을 저지르는 사람들에게서 찾아볼 수 있는 가장 큰 공통점은 아마 참을성이 없다는 거겠지요. 이들은 뭘 해도 오래 가지 않으며, 하루하루의 생활에 만족감이나 성취감도 없습니다. 주위 사람들에게 감사할 줄도 모르고, 그럴 필요도 느끼지 않았겠지요. 그러니 살아 있어도 즐겁지 않았을 것이고, 자기 인생이 아무 가치도 없게 느껴졌을 겁니다. 자기 인생 따위 아무래도 상관없는 사람에게 다른 사람의 인생이야 더 말할 게 있을까요. 그러니 자신의 짜증과 불만과 화를 해소하는 대상으로 누구든 상관없다는 식의 '묻지 마 범죄'가 가능한 겁니다.

이들은 실패와 좌절에 직면하는 것을 극단적으로 싫어하고, 마음의 상처를 받는 일을 공포스러워 합니다. 최대한 그런 경험을 피해서 살아왔고, 그러다 보니 다른 사람의 아픔과 고통에는 상당히 둔감합니다. 개인의 인성 문제로 치부해버릴 수도 있지만, 저는 이것도 교육이 실패했기 때문이라고 봅니다. 그들이 그토록 나약한 어른으로 성장한 데 대한 책임은 부모와 국가에 있습니다.

천연자원이 풍부한 몇몇 나라를 제외하고는 세계적으로 나라의 경제력과 교육수준은 비례합니다. 그리고 교육수준과 범죄 발생률은 반비례합니다. 최근에 이토록 범죄가 증가하는 것은 교육의 문제가 큽니다. 공부한다는 것은 좋은 학교에 들어가 좋은 학벌을 갖기 위해서가 아니라 더 나은 삶을 살기 위해 필요한 일입니다. 배움을 통해 자신에게 가장 어울리는 삶의 방식을 모색하고, 그 분야에서 더욱 능력을 길러 나가는 것이 올바른 삶의 방식입니다.

무대가 필요한 것은 가수와 배우만이 아닙니다. 모든 인간에게는 자신을 표현할 공간이 필요합니다. 먹고 자고 번식할 뿐이라면 인간이 다른 동물과 무슨 차이가 있을까요. 인간으로 태어난 의미가 없습니다. 직업 역시 단지 생활비를 벌기 위해서가 아니라 자신을 표현하기 위해 필요합니다.

아이가 학교를 자신의 가능성을 키우는 곳, 직장을 자신을 표현하는 무대라고 생각할 수 있게 키워주세요. 그러면 공부를 대하는 태도가 좀더 진지해질 것이고, 좀더 심사숙고해서 자신의 진로를 고민할 것입니다. 그런 어른으로 성장할 수 있다면 최고의 교육입니다.

- 극복할 수 있는 범위라면 몸의 상처도 마음의 상처도 일찍 경험하는 것이 아이를 더욱 강하게 만듭니다.

- 소중한 것은 잃어봐야 비로소 그 가치와 의미를 알 수 있습니다.

- 공부는 좋은 학교에 들어가기 위해서가 아니라 좀더 좋은 삶을 살아가기 위해서 필요합니다.

- 직업은 생활비를 벌기 위한 것이 아니라, 자신을 표현하기 위한 것입니다.

The Art of Teaching
**without Teaching**

3장
학습에
왕도는 없다

# 아이의 생각을
# 자극하라

아주 오랜 옛날에 수학은 귀족들만이 향유할 수 있는 고귀한 소양이었습니다. "나, 어제 이 문제를 풀다가 이런 법칙을 발견했어!" "어! 그건 내가 지지난주에 이미 발표했는데!" 귀족들 사이에서 이런 대화가 오고갔는지는 모르겠습니다만, 수학은 어쨌든 귀족들의 고상한 취미 중 하나였습니다.

그 시절의 어떤 왕이 고명한 학자에게 이렇게 말했답니다. "짐에게도 그 수학이라는 것을 간단히 익힐 수 있는 방법을 가르쳐주지 않겠나?" 그러자 학자가 대답합니다. "왕이시여! 아무리 위대한 왕의 부탁이어도 그것만은 아무도 할 수 없습니다."

## 생각하고 또 생각하는 것이 학습의 왕도

'학문에 왕도는 없다'라는 말, 들어보셨을 겁니다. 저는 이 이야기가 그 어원이 아닐까 하고 생각합니다. 아무리 막대한 부를 가진 사람도, 아무리 강력한 권력을 가진 사람도 학문의 경지는 꾸준한 노력 없이 하루아침에 이룰 수 없다는 뜻입니다. 그렇다면 정말 학문의 왕도는 없을까요? 이 이야기의 의미를 뒤집으면 그것이 바로 학문의 왕도일 겁니다. 그러니까 생각하고, 또 생각하고, 모르더라도 풀리지 않더라도 오직 생각한다. 이것이야말로 학문의 왕도인 것입니다.

제 수업은 커리큘럼을 공개하지 않습니다. 그러니 아이들은 예습이란 걸 할 수 없습니다. 배울 내용에 대해 사전지식 없이 수업을 시작하게 됩니다. 어떤 문제가 나올지 전혀 알 수 없고, 수업 시간에 제시된 문제는 아무런 힌트 없이 풀어야 합니다. 잘 모르겠어도 오직 스스로 생각해야 할 뿐입니다. 그러다가 제한시간 안에 모두 오답인 경우에만 힌트를 조금씩 줍니다. 힌트를 통해 누군가 한 명이라도 정답을 맞히면 그 문제는 그쯤에서 중단하고 간단히 설명한 뒤 다음 문제로 넘어갑니다. 여기서 간단한 설명이란 알기 쉬운 설명이라는 뜻은 절대 아닙니다.

제 수업에서 안 하는 또 한 가지. 저는 꾸짖지도 고함을 치지도 않습니다. 그래도 교실은 언제나 배움을 향한 긴장감으로 가득합

학습

니다. 수업을 시작할 때는 어떤 신호도 인사도 없이 바로 시작합니다. 제가 칠판을 향해 서면 그때부터 수업이 시작되는 거지요. 그러면 아이들은 노트를 펼치고 연필을 쥔 채 전투태세에 들어갑니다. 제가 말하는 속도로 칠판에 문제를 쓰면 그 문제를 따라 적은 후에 풀기 시작합니다. 아무도 입도 뻥긋 하지 않습니다. 오직 생각하고, 오로지 문제만 풉니다.

제가 내는 문제가 쉽지는 않아서 풀어내는 아이가 거의 없습니다. 그래도 계속 생각하면서 문제를 풀게 하지요. 이때 아이들의 머릿속은 물음표로 가득 찰 겁니다. '이 부분은 아무리 생각해도 모르겠어!' 이런 상황에서도 왜 아이들에게 문제를 알기 쉽게 설명해주지 않느냐고요? 아이들의 머리는 자세하지 않은 설명을 마른 모래가 수분을 흡수하듯이 흡수해버립니다. 그 순간에 문제가 이해되지는 않겠지만, 그래도 상관없습니다.

설명이 충분하지 않기 때문에 머릿속은 여전히 문제에 대한 의문들로 가득한 채 아이들은 집으로 돌아갑니다. 뇌는 우리가 잠자고 있는 동안에도 활동하기 때문에 아이들 머릿속 어디에선가는 충분히 이해하지 못한 그 문제를 풀려고 애쓰고 있습니다. 그런 시간이 반복되면 언젠가 그 문제가 스르륵 풀리는 때가 옵니다. 그 순간은 몇 시간 뒤, 며칠 뒤, 몇 주 뒤, 몇 달 뒤, 혹은 몇 년 뒤가 될 수도 있지요. 그 순간이야말로 공부하는 참다운 묘미를 느끼는 순간입니다. 이런 환희의 순간을 경험해본 아이는 공부하는 재미에 자기도 모르게 빠져들게 됩니다.


## 질문하는 것은 평생의 손해

'질문하는 것은 잠깐의 수치, 질문하지 않는 것은 평생의 수치'라는 속담이 있습니다. 몰라서 물어보는 것은 잠깐 부끄러운 일이지만, 부끄럽다고 해서 물어보지 않으면 계속 모르는 채로 지내야 하니 평생 부끄러운 일이라는 뜻입니다.

사회생활을 갓 시작한 누군가가 처음으로 장례식장에 문상을 갈 일이 생겼다고 칩시다. 그는 빨간 넥타이와 검정색 넥타이밖에 가지고 있지 않았는데, 어떤 걸 고를지 망설이다가 결국 빨간 넥타이를 매고 장례식장에 가기로 했습니다. 조문객으로 오면서 빨간 넥타이를 한 그를 보고 장례식장에 있던 사람들은 여기저기서 수군댔고, 그는 그만 주변 사람들에게 웃음거리로 남게 되었다고 합시다.

지어낸 이야기이긴 하지만, 여기서 무엇이 잘못된 걸까요? 그는 어떤 넥타이를 고를지 망설이던 바로 그 시점에서 다른 사람에게 물어봤어야 합니다. "제가 장례식장에 처음 가보는데, 빨간 넥타이와 검정색 넥타이 중 어떤 넥타이를 하고 가면 좋을까요?" 하고 말입니다. '질문하는 것은 잠깐의 수치, 질문하지 않는 것은 평생의 수치'라는 속담은 이런 경우에 꼭 들어맞는 말입니다. 관혼상제의 예법이나 다른 지방 혹은 다른 나라의 관습 등에 대해서 잘 모를 경우도 그렇겠지요. 하지만 수학공부에는 이 속담이 전혀 들어맞지 않습니다.

혹시 이런 경험 해보신 적 없나요? 아무리 해도 풀 수 없었던 문제의 답이나 도저히 생각나지 않던 이름 같은 것이 한순간에 갑자기 떠오르는 경험 말입니다. 제 생각입니다만, 사람의 머릿속에는 아마도 '제濟', '미제未濟'라는 두 개의 서랍이 있는 것 같습니다. 모르는 것을 다른 사람에게 물어서 설명을 듣고 알 것 같으면 그건은 '제'의 서랍으로 들어가는 거지요. 우리의 뇌는 그 후로 그 문제에 대해서 전혀 생각하려 들지 않습니다. 전혀 궁금하지 않으니까요.

하지만 '아무리 생각해도 모르겠어. 도무지 안 풀려!'라고 생각되는 문제는 '미제'의 서랍으로 들어갑니다. 물론 그 후로도 항상 머릿속 어딘가에서는 그 문제에 대해 생각하게 되지요. 이것은 무의식중에 일어나는 일일 겁니다. 그 문제와 전혀 관계가 없는 다른 일을 하고 있을 때 갑자기 그 문제의 답을 알게 되는 경험은 그래서 가능한 것이 아닐까요. 생각하고 고민한 시간이 길면 길수록 문제가 풀렸을 때의 기쁨은 크겠지요.

수학 교실은 어느 학원에서도 학생들에게 인기가 많습니다. 그 수업에서는 아이들이 모르는 문제를 질문하고, 교사는 그 문제에 대해 아이들이 충분히 이해할 수 있도록 자세히 설명하겠지요. 하지만 그렇게 이해한 문제는 '이미 풀린 문제'로 분류되어 아이의 머릿속에서 다시는 되새김질되지 않습니다. 수학 공부에 대해서 만큼은 '질문하는 것이 평생의 손해'입니다. 그래서 저는 아이들에게 말합니다. 아무리 생각해도 풀리지 않는 문제는 일단 포기하라고요. 그것이 오히려 아이들의 생각을 자극하는 열쇠가 된다는 걸 기억하세요.

## 아이의 머릿속을 물음표로 가득 채우자

아주 오랜 옛날, 아르키메데스라는 학자는 부력의 원리에 대해 계속 고민을 하고 있었습니다. 어느 날, 욕조에 몸을 담그고 있을 때 불현듯 그 원리를 알게 된 아르키메데스는 벌떡 일어나 거리로 달려 나갑니다. "알았어! 그런 것이었군! 드디어 알아냈어!" 오래 고민한 문제의 답을 찾아내고 얼마나 기뻤던지 자신이 알몸이라는 것도 잊은 채 시내를 뛰어다녔다고 하지요.

모르던 것을 알게 된 순간의 기쁨은 이토록이나 엄청납니다. 고민한 시간이 길면 길수록 해결한 순간의 기쁨도 크지요. 그래서 아이들의 머릿속을 물음표로 가득 채우는 일이야말로 학문의 왕도의 첫걸음인 것입니다.

제 수업에는 스릴, 스피드, 서스펜스가 넘칩니다. 아이들이 한순간이라도 긴장을 풀지 않도록 하고 있지요. 긴장감이 충만한 분위기 속에서 아이들은 두뇌를 최대로 사용합니다. 문제를 풀어놓고도 '아니야, 어딘가에 함정이 있을지도 몰라'라고 생각하며 다시 한 번 검산을 하지요.

수업 중에 제시되는 문제를 전부 푸는 아이도 없지만, 자세하지 않은 제 설명을 전부 이해하는 아이도 없습니다. 그러니 아이들은 모두 머릿속에 물음표를 가득 채운 상태로 집에 돌아갑니다. 머릿속의 물음표가 하나씩 또 하나씩 느낌표로 바뀌는 순간의 기쁨을 경험하면서 아이들의 학습력은 쑥쑥 자랍니다. 이것이야말로 진정한 학문의 왕도입니다.

그런데 이 방법에도 딱 한 가지 문제는 있습니다. 개중에는 머릿속에 물음표가 생기지 않는 아이가 있더라는 겁니다. 문제에 흥미 자체가 없는 아이로, 이 경우는 풀어보려는 마음조차 생기지 않습니다. 그저 노트에 문제만 베껴 적다가 다시 집으로 돌아가는 게 전부지요. 답답하게 생각한 부모님이 아무리 애써서 가르쳐주어도 헛된 노력입니다. 관심이 없는 것은 절대 머릿속에 남지 않으니까요.

이런 아이는 어떻게 하면 좋겠냐고 물어오는 부모님이 계십니다. 오죽 답답한 심정이겠습니까. 하지만 제 대답은 이렇습니다. "글쎄요, 저도 잘 모르겠습니다. 물을 마시고 싶지 않은 말을 억지로 물가로 데리고 갈 수는 있지만, 억지로 물을 마시게 할 수는 없으니까요. 그냥 내버려 두십시오."

## 약한 자만 배려하는 일본 교육계

일본의 초등교육 이외의 모든 분야는 우수한 사람을 중심으로 돌아가고 있습니다. 과학, 예술, 스포츠 모든 분야에서 남들보다 뛰어난 사람이 높이 평가받으며 칭송받습니다. 그런데 무슨 일인지 지금의 교육계만큼은 약자의 논리로 움직이고 있습니다. 이 정도로 약자를 최우선시하는 약자만능의 분야는 다른 곳에서는 찾아볼 수 없습니다.

교육문제의 3대 테마는 따돌림, 등교 거부(은둔형 외톨이), 수업 부적응입니다. 세상은 그들을 교육환경의 부족함이 만들어낸 희생자로 생각합니다만, 정말 그럴까요? 따돌림, 등교 거부, 수업 부적응의 문제가 온힘으로 맞서도 해결 안 될 만큼 정말 그렇게 심각한 문제일까요? 제 생각은 좀 다릅니다.

인간관계에서 어려움을 겪어보지 않은 사람이 어디 있겠습니까? 여럿이 모여 사는 사회의 피할 수 없는 모습이지요. '오늘은 학교에 가고 싶지 않아'라고 한 번이라도 생각해보지 않는 사람이 있을까요? '공부 같은 거, 안 하면 안 돼?'라는 생각도 누구나

한 번쯤은 해봤을 겁니다. 모두 한 번쯤 겪는 문제지만 극복하면서 성장해 나아가는 거지요. 수업 부적응아의 대부분은 '공부 같은 거, 재미없어서 하고 싶지 않아!'라고 떼쓰는 아이들을 그냥 방치하는 것일 뿐입니다.

'여유교육'을 주장하는 단체나 학생들의 인권을 들먹이는 인권 옹호 그룹에서는 은둔형 외톨이나 수업 부적응아들을 오히려 두둔합니다. "너희들은 아무것도 잘못한 게 없어. 모든 것은 우리 사회가 잘못한 거야!"라고 말하지요. "따돌림을 당했어."라고 하면 학교를 탓하고, "학교에 가고 싶지 않아. 수업을 못 알아듣겠어."라고 하면 교사를 욕합니다. 이상하게도 약한 자만 이기는 상황이 되어 있습니다. 이것이 과연 잘하는 일일까요? 이런 대응은 결과적으로 그들에게서 회복할 기회를 빼앗아버릴 뿐입니다.

어떤 그룹에서 수준을 하위권에 맞춰버리면 전체의 수준은 내려가고, 제일 하위권의 수준도 더욱더 떨어집니다. 예를 들어볼까요? 육상부에서 달리기를 연습할 때를 생각해봅시다. 가장 발이 느린 아이가 부담되지 않을 속도로 달리자고 육상부원들 모두가 약속을 한다면 어떻게 될까요? 어떤 사람도 기록이 향상되지 않을 것은 불을 보듯 뻔한 일입니다. 심지어 가장 발이 느린 아이조차도 실력이 나아지지 않겠지요. 이것을 과연 연습이라고 할 수 있습니까? 이런 연습은 안 하느니만 못하지요.

앞에서 '약한 자만 이긴다'라고 표현했지만, 이런 상황이라면 실제로 승자는 아무도 없습니다. 전체의 수준을 가장 하위권에 맞추는 것은 모두가 발전하지 못함으로써 도태되는 결과밖에 낳지 않습니다. 이것이 올바른 교육 시스템이라고 생각하십니까?

이런 말도 안 되는 결과를 감수할 정도로 '약한 자'의 말에는 귀 기울이는 반면, 우수한 학생이 "수업에 재미를 느낄 수 없을 만큼 수준이 낮아."라고 말한다면 엄청난 비난을 듣지요. "어떻게 저런 말을! 넌 공부 못하는 아이들은 눈곱만큼도 배려할 줄 모르는구나!" 이렇게 비난하는 사람들이야말로 우수한 아이들의 고통 따위는 눈곱만큼도 배려할 줄 모르는 사람이 아닌가요?

우수한 아이들은 보자마자 답을 구할 수 있는 문제를 다른 아이들에 맞추느라 5분, 10분씩 붙들고 있어야 하고, 너무 뻔한 설명을 지루하게 듣고 있어야 합니다. 이런 수업이 재미있을 리가 있겠습니까? 우수한 아이들도 제대로 된 수업을 받을 권리가 당연히 있습니다. 그런데도 학교와 교사의 열정과 관심은 약자에게로만 향하고, 그 성과는 심지어 전혀 없습니다. 이것은 개개인의 손실뿐 아니라 크나큰 국가적 손실입니다. 학교를 본래의 배움의 장으로 되돌려야 합니다!

창백하고 말라깽이인 E는 항상 얼굴에 희미한 웃음을 띠우고 헤헤거렸습니다. 어떤 일을 해도 열심히 하려는 모습은 찾을 수 없는, 친구들 사이에서 왕따 당하기 딱 좋은 아이였지요. 아이들이 놀리기라도 하면 "하지 마, 하지 마!"라며 여자아이처럼 굴어서 더더욱 놀림거리가 되고 마는 상황이었습니다. 어떤 것에도 열의가 없으니 성적도 좋을 리가 없지요. E의 어머니를 상담해본 적이 있는데, E군과 똑같더군요. 솔직히 저는 이 모자를 좋아하기 힘들었습니다.

어느 날, E의 어머니에게서 전화가 왔습니다. 늘 그렇듯이 헤헤거리는 분위기로 말씀하시기에 저는 평소에 생각하고 있던 문제점을 솔직히 이야기했습니다.

"E는 중학교 입시가 문제가 아닌 것 같습니다. E에게서는 생명력이라는 걸 전혀 느낄 수 없어요. 한창 에너지 넘쳐야 할 나이에 이보다 심각하고 시급한 문제가 있을까요? 학원 같은 건 빨리 그만두게 하시고 차라리 보이스카우트라도 하게 하시지요!"

제 솔직한 이야기에 적잖이 놀랐는지 어머니의 말투는 금세 진지하게 변하더군요.

"저도 이미 알고 있습니다. 그래서 축구교실에서 합숙도 시켜봤는데 거기서도 왕따를 당하더군요. 어째야 할지 모르겠어요. 선생님! 왜 우리 아이만 어딜 가나 왕따를 당하는 걸까요?"

저는 작정하고 솔직해지기로 했지요.

"정말 그 이유를 모르시겠습니까, 어머니? 늘 헤헤거리고, 무기력하고, 흐느적거리는 E의 모습은 누가 봐도 비위에 거슬릴 정도입니다. 저도 싫습니다!"

저의 말에 E의 어머니는 더 이상 답을 못 하더군요.

그 후로 E에게 큰 변화가 생기지는 않았습니다. 그런데 6개월쯤이 지난 어느 날이었습니다. 늘 E를 재미로 괴롭히던 아이가 뒤에서 장난을 쳤는데 E가 지금까지와는 달리 아주 강한 어조로 "그만해!"라고 말하며 그 아이의 손을 세게 뿌리친 겁니다. 장난을 걸었던 아이가 놀랄 정도로요. 그 모습에 E도 꽤나 놀란 눈치였습니다. 이것이 아마 E가 태어나서 처음으로 다른 사람에게 진지하게 저항해본 일일 겁니다. 놀라운 사실은 그 사건 이후로 E의 왕따 인생이 완전히 깨끗하게 그리고 산뜻하게 막을 내렸다는 것입니다.

그 뒤로 E에게는 극적인 변화가 몇 가지 나타났습니다. 더 이상 헤헤거리지 않았고, 수업 중에도 제대로 앉아 있지 못하고 연체동물처럼 흐느적거리더니 등을 곧게 펴고 바르게 앉아 있게 되었습니다. 6학년 중반 이후에는 수학 성적도 엄청나게 올랐습니다. 하지만 안타깝게도 다른 과목들 성적이 좋지 않아 중학교 입시에서는 1지망과 2지망 학교에는 떨어지고 3지망 학교에 합격했지요.

그 후 연락이 끊어졌다가 6년 후 E에게서 한 통의 메일을 받았습니다. 게이오대학에 재수하지 않고 현역으로 합격했다는 내용이었지요. 초등학교 4학년 때부터 왕따를 당했던 무기력한 아이가 게이오대학 합격이라니, 감개무량했습니다.

저는 E가 왕따를 당할 때 알면서도 방치했고, 그 어머니가 상담하러 왔을 때도 "눈에 거슬리니 빨리 학원을 그만두세요"라고 쌀쌀맞게 대했습니다. 왕따 문제를 해결해 주려고도 하지 않았고, E의 학습력을 키워주려는 마음도 전혀 없었습니다. 그래도 E와 E의 어머니는 제 수업을 그만두지 않았지요.

E의 경우를 보면서 저는 이런 생각을 해봅니다. '만약 내가 좋은 선생이었다면, E는 어떻게 되었을까?' E가 왕따 당하는 현장을 볼 때마다 "이놈들! 뭐하는 거야? 또 이러면 나한테 혼날 줄 알아!"라고 왕따시키는 아이들을 혼내고, E에게도 "선생님은 늘 네 편이니까 이런 일이 있을 땐 언제라도 말해야 한다"라고 대응했더라면 어떻게 되었을까요? 약자에 대해 약자의 논리로 마주한다면, E는 약자인 채로 끝나버리지 않았을까요?

이 경험으로 깨닫고 결심한 것이 있습니다. 첫째, 왕따를 당하는 아이도 본인이 그 굴레를 벗어날 마음이 있다면, 얼마든지 혼자 힘으로 빠져나올 수 있다. 둘째, 아무리 부족해 보이는 아이도 내 수업을 스스로 그만두지 않는다면 내치지 않는다.

어딜 가나 모두에게 왕따 당하던 시절, E의 정신구조를 분석해 보자면, 항상 헤헤거렸던 것은 어쩌면 자기가 상처받지 않기 위한 방어수단이었을지도 모릅니다. 공부든 인간관계든 진지하게 임했는데 실패하면 상처받고 억울하다는 생각이 들 수 있지만, 모든 걸 장난스럽게 헤헤거리며 대하면 실패해도 가볍게 떨칠 수 있으니까요.

어쨌든 그런 E가 자신의 인생을 스스로 바꿔낸 것은 대단한 그 무엇이 아닌 "그만둬!"라는 한마디의 힘이었다는 것, 꼭 기억해둡시다.

**꼭 기억합시다!**

- 수학공부에서 섣불리 질문하고 남의 풀이에 의존하는 것은 '평생의 손해'입니다. 끈질기게 물고 늘어져서 깊이 몰두할 때 생각하는 힘이 길러집니다.

- 아무리 노력해도 풀리지 않는 문제는 일단 접어둡니다. 충분히 생각했다면 머릿속에 물음표를 남겨 생각을 자극한 것만으로도 이미 성공입니다.

- 아이에게 생기는 대부분의 일은 스스로 어떻게든 해결할 수 있습니다. 아이의 힘을 믿으세요.

# 아이의 학습은
# 본능이다

인간뿐만 아니라 포유동물의 새끼들은 같이 장난치거나 겨루기도 하고, 서로 뒤쫓기도 합니다. 이런 행동은 왜 하는 것일까요? 그렇게 함으로써 신체기능과 운동기능을 키우고 있는 겁니다. 물론 논리적으로 생각해서 하는 행동이라고는 할 수 없습니다. 사자 새끼가 '그래, 슬슬 몸을 단련할 시간이야'라고 생각해서 형제들에게 움직이자고 재촉하는 건 아니라는 거지요. 그들은 그저 본능에 충실하게 행동할 뿐입니다. 본능적으로 가만히 있지 못한다고 말하는 게 옳겠지요.

여기에 더해 인간의 아이는 강한 지적 욕구 또한 본능적으로 갖고 태어납니다. 이 욕구는 억제할 수 없는 것입니다. 제 수업에서

는 처음 수학을 접하는 방법으로 퍼즐을 활용합니다. 초등학교 3
학년 1년간은 퍼즐 이외에는 시키지 않는데, 이것이 아주 효과적
입니다.


## 수학을 친근하게 만들어주는 퍼즐의 재미

제가 쓴 책《합격 퍼즐(도쿄 출판)》이 아직 출간되기 전의 일입니다.
갈라파고스에 가게 되어, 여섯 개의 객실이 있는 작은 다이버 전
용 배에서 열흘 동안을 지냈습니다. 여유 시간에 곧 출간될 책의
원고를 마지막으로 정리하기 위해서 책에 실릴 퍼즐 40문항을 챙
겨 갔지요.

첫날, 저녁식사를 하기 전에 승무원들과 승객들이 자기소개를
하는 시간이 있었습니다. 저는 이렇게 소개했지요. "제 직업은 수
학을 공부하는 아이들이 머리를 잘 쓸 수 있게 해주는 것입니다.
다음 달에 머리가 좋아지는 책을 낼 예정입니다." 제가 소개를 끝
내자마자 승무원 모두가 한 명의 엔지니어를 지목하더니 "제발
저 사람 머리 좀 좋게 만들어주세요!"라고 말하더군요.

저녁을 먹고 난 후, 와인으로 기분 좋게 취한 저는 모든 승무원
에게 지목받은 그를 불렀습니다. 그의 이름은 듀카키스였습니다.
"제가 열흘 동안 당신을 머리 좋은 사람으로 만들어 드리겠습니

다.”라고 말하고, 챙겨온 40개의 퍼즐 중에서 가장 쉬운 문항을 꺼 냈지요.

그 후 듀카키스를 만날 때마다 퍼즐은 잘 풀리느냐고 물었지만 전혀 진전이 없었습니다. 작은 배여서 하루에 몇 번이고 얼굴을 마주쳤지만, 나와 마주칠 때마다 듀카키스는 난감한 표정만 짓더 군요. 저는 그를 응원해주고 싶었습니다. “내가 내리기 전까지 그 퍼즐을 푼다면 멋진 선물을 줄게요.”

그렇게 나흘째 되던 날이었습니다. 오후 다이빙을 끝내고 저녁 식사를 기다리고 있던 한가한 시간이었습니다. 승무원 모두가 갑 자기 펄쩍 뛰면서 아주 기뻐하더군요. 그러고는 듀카키스가 거드 름 피우는 걸음걸이로 저에게 다가오는 겁니다. 경례를 하더니 꼬 깃꼬깃해진 퍼즐 쪽지를 저에게 쑥 내밀더군요. 슥 봐도 정답이 라는 걸 알 수 있었지만 약간의 장난기가 발동했습니다. 퍼즐 쪽 지를 가만히 들여다보며 “흠, 글쎄…”라고 중얼거리자 조금 전까 지 자신만만한 표정이던 듀카키스가 안절부절못하기 시작하는 겁 니다. 다른 승무원들도 숨죽이며 이쪽을 바라보고 있었지요. 저 는 천천히 소파에서 일어나 듀카키스의 어깨를 두드리며 큰소리 로 말했습니다. “정답이에요, 축하합니다!” 그러고는 “멋진 상품 을 가져올 테니까 잠시만 기다려요!”라고 말하고는 제 방으로 돌 아왔지요.

사실 멋진 상품 따위는 따로 준비하지 않았지만 생각해둔 건 있

었습니다. 제가 듀카키스에게 준 상품은 바로 두 번째 단계의 퍼즐이었습니다. 그는 속았다는 듯 멍한 얼굴이었지만 곧 두 번째 퍼즐을 모두가 있는 곳으로 가져가 또 풀기 시작하더군요. 그런데 이 퍼즐을 하루 만에 풀어낸 겁니다. 처음 퍼즐을 나흘 만에 푼 것에 비하면 놀라운 발전이었지요.

그때부터 듀카키스를 마주칠 때마다 우리 대화는 이런 식이었습니다. "다음 단계의 퍼즐을 주세요!" "이전 단계는 끝낸 건가요? 아직 못 풀었다면 다음 단계를 줄 순 없죠." "그래요? 그렇다면 곧 풀어낼 테니까 기다려보세요!" 그가 새로운 퍼즐을 가지고 나타나면 선장을 포함한 모든 승무원들이 테이블을 둘러싸고 앉아 냅킨에다 퍼즐을 베껴 풀곤 했습니다.

그렇게 하나씩 높은 단계의 퍼즐을 풀어갈수록 속도가 점점 빨라지더니, 제가 배에서 내릴 때까지 전부 27개 퍼즐을 풀었습니다. 나중에는 "이건 너무 간단해요. 좀 더 어려운 건 없어요?"라는 건방진 말까지 하더군요. 작별인사를 할 때 나머지 퍼즐을 모두 건네주자 듀카키스는 정말 고마워하면서 말했습니다. "아주 재미있었습니다. 덕분에 배 위에서의 생활이 전혀 지루하지 않았어요. 집에 가져가서 우리 아이들에게도 꼭 시킬게요!"

선장도 퍼즐이 정말 재미있었다며 판매용이 아닌 승무원용의 폴로셔츠를 선물해 주었습니다. 퍼즐 덕분에 저는 배 위에서 최고의 인기를 누렸지요. 문화도 언어도 전혀 다르고, 심지어 아이가 아닌 어른들도 이렇게 빠져들 만큼 퍼즐의 재미는 굉장합니다. 그러니 아이들이 열광하지 않을 이유가 없지요.

## 저절로 수학을 싫어하게 된 아이는 없다

수학도 마찬가지입니다. 원래 수학이라는 과목은 지적욕구를 자극하기 때문에 이것을 즐길 줄 아는 아이에게는 상당히 재미있는 과목이 됩니다. 그냥 가만히 내버려두었는데도 수학을 싫어하게 되는 아이란 세상 어디에도 없습니다. 그럼 수학을 싫어하는 우리 아이는 왜 그런 거냐고요? 무엇이 잘못된 걸까요? 분명 이유가 있습니다.

부모가 수학을 공부시키는 방식이 잘못된 것입니다. 나도 아이를 위해 죽도록 노력하고 있다고 항의하고 싶은 분도 있겠지요. 하지만 정말로 '아이를 위해서' 행동하고 있다고 생각하시나요? 그런데도 왜, 뭐가 잘못됐기에 아이는 수학을 점점 더 싫어하게 된 걸까요?

쉬운 예를 하나 들어보지요. 서로 사랑해서 결혼한 행복한 커플이 있습니다. 이들 부부는 사랑해서 결혼했기 때문에 그냥 내버려두어도 행복할 것이고, 머지않아 아이도 태어날 겁니다. 그런데 이런 가정에 시어머니가 개입하면 이야기는 복잡해집니다. 시어머니도 아들 부부가 행복하기를 진심으로 바라고 있겠지요. 그런데도 시어머니가 개입하는 순간, 이야기가 다른 방향으로 전개되는 건 왜일까요?

시어머니와 며느리는 결혼 전부터 매우 사이가 좋았다고 합시다. 예비 시댁에 예비 며느리가 놀러 가면 마치 딸처럼 귀여워했습니다. 그러니 며느리도 결혼 후에 시어머니를 모시고 사는 것에 전혀 부담을 느끼지 않았지요. 하지만 실제 결혼생활은 결혼 전과는 좀 다르지요. 결혼 전에 예비 시댁에 놀러 갔을 때는 항상 애인이 함께 있었고, 예비 며느리는 밤이 되면 자기 집으로 돌아갑니다. 시어머니와 며느리가 단 둘이 있을 일이 없지요. 그런데 결혼 후 함께 살게 되면, 출근한 남편이 귀가할 때까지 꼼짝없이 시어머니와 단둘이 지내게 됩니다.

이럴 때 두 사람은 어떤 대화를 나누게 될까요? 이제 며느리가 된 사람에게 시어머니가 하고 싶은 얘기는 한 가지뿐일 겁니다. "아직 소식 없니?" 시어머니에게 전혀 악의는 없습니다. 손자를 빨리 보고 싶어 하는 것은 어쩌면 당연하지요. 하지만 이 이야기를 반복해서 듣는 며느리의 입장에서는 적지 않은 스트레스가 쌓이는 일입니다. 심할 경우 결혼생활의 행복을 점점 갉아먹는 핵폭탄 수준의 파괴력을 갖고 있지요.

시어머니가 얘기할 때마다 며느리는 속으로만 분통이 터질지도 모릅니다. '어머니는 내가 애 낳는 기계라고 생각하시는 거야, 뭐야?' 이 경우, 아들 부부가 초반에 효과적인 반격을 하지 않으면 시어머니의 "아직이야?" 공격은 점점 횟수와 강도가 세집니다. 아들이 마마보이라면 정말 앞이 캄캄합니다.

저녁식사 후에 단란한 한때를 보내다가도 10시쯤이 되면 시어머니는 안절부절못하기 시작합니다. "이제 그만 잘 시간이다"라며 아들부부를 침실로 쫓아버리지요.

그래놓고도 시어머니는 안심이 안 되는지 신혼방 문에 귀를 대고 방 안의 동태를 살핍니다. 그런데 아들부부는 여전히 장난치며 놀고 있고 잠자리에 들 기색이 없네요. 시어머니는 점점 짜증이 나기 시작합니다. 방 안에서 즐거운 듯한 웃음소리까지 들리자 시어머니의 짜증은 절정에 이르고, 있는 힘껏 방문을 열며 소리칩니다. "적당히 좀 해! 지금 몇 신 줄 알고나 있니? 빨리 애 낳을 생각은 안 하고 뭐 하는 거야?"

이쯤 되면 아무리 참을성 있는 며느리도 참기 힘들겠지요. '어머니 때문에 스트레스 받아서 생길 애도 안 생기겠어!'

주변에서 한번쯤 들어봤음직한 이야기지요? 이 이야기에서 시어머니를 부모로, 아들을 아이로, 며느리를 수학으로, 손자를 성적으로 바꿔서 다시 읽어보시기 바랍니다.

이런 식이라면 원래 수학에 흥미가 있던 아이도 수학을 싫어하게 될 수밖에 없습니다. 학습은 본능이지만, 다른 사람에게 지배받고 싶지 않은 것도 인간에게는 자기 보존의 본능입니다. 두 가지 본능 중 우선하는 것은 당연히 자기 보존의 본능 쪽입니다. 자신을 보존한 다음에야 학습도 가능하니까요. 결과를 내는 것에 조급해 하면 모든 것을 망쳐버리고 맙니다. 수학 공부를 즐겁게 할 수만 있다면 아무 문제가 없지요. 그 결과는 걱정할 필요가 없습니다.

그렇다면 부모의 역할은 무엇일까요? 모든 답은 아이 안에 이미 있습니다. 학습이 아이의 본능이라면 부모는 아이가 그 본능대로 공부해 나갈 수 있도록 곁에서 지켜봐주는 것으로 충분합니다. 쓸데없는 참견과 강요로 아이의 학습 본능을 꺾어버리지 않도록 오히려 조심해야 합니다. 학습이 아이의 본능이라면, 아이를 바르게 성장시키고자 하는 것은 부모의 본능일 겁니다. 나는 지금까지 어떻게 해왔는지 스스로 물어보시기 바랍니다. 아이의 학습 본능을 믿어주고 지원해주며 결과를 조급하게 바라지 않는 것, 그거면 됩니다.

**꼭 기억합시다!**

- 학습은 아이의 본능입니다. 쓸데없는 참견과 강요로 아이의 학습본능을 꺾어버리지 맙시다.

- 서두르지만 않는다면 결과는 언제나 따라옵니다. 조급함이 모든 것을 망칩니다.

# 효율적이고
# 낭비 없는
# 공부법은 없다

강연을 다니다 보면 '효율적이고 낭비 없는 공부법을 가르쳐 주세요'라는 요청을 받을 때가 많습니다. 그럴 때 저는 좀 씁쓸합니다. 이 질문은 '실패나 좌절과는 전혀 무관한 성공적인 인생을 위해서는 어떻게 하면 좋겠습니까?'라는 것만큼이나 세상을 얕잡아보는 질문이기 때문입니다. 성공은 실패와 좌절에서 많은 것을 배우고 경험한 사람만이 얻을 수 있는 열매입니다. 실패와 좌절 없이 성공만 하는 인생이 어떻게 있을 수 있겠습니까!

## 성공보다 시행착오에서 더 많이 배운다

어느 날 갑자기 엄청난 초능력이 생겨서, 세상의 모든 것을 자기 마음대로 할 수 있다면 어떨까요? 과연 행복할까요? 어떤 시험을 쳐도 모두 합격하며, 복권을 사면 항상 1등에 당첨되고, 내 마음대로 사람을 움직일 수 있다면, 매일 매일이 그런 삶이라면 과연 인생이 재미있을까요?

저라면 바로 질려버릴 것 같습니다. 그런 삶에 절망해서 죽고 싶을 것 같기도 합니다. 삶이 재미있는 것은 내 맘대로 안 되기 때문, 잘 안 풀리기 때문입니다. 그럴 때라야 노력이라는 게 비로소 의미가 있으니까요. 그런데 '효율적이고 낭비 없는 학습법'이라고요? 그런 것은 존재하지 않습니다. 각자가 이런저런 좌충우돌과 시행착오 끝에 자신만의 학습법을 찾을 수밖에 없습니다. 자신만의 스타일을 만들 수 있는 사람은 성공하고, 만들 수 없는 사람은 성공하지 못하는 거지요.

이런 이유로 각종 합격 체험기 따위는 별로 도움이 되지 않습니다. 위인전을 읽고 자기도 같은 일을 해서 위인이 되려는 것과 다르지 않지요. 쌍둥이 형제에게 같은 일을 시켜도 같은 결과가 나오지 않는데, 다른 사람의 방식을 그대로 흉내 내어 같은 결과를 얻겠다는 것은 어리석은 생각입니다.

성급하게 결과를 요구하고, 무엇이든 남에게 질문하는 자세는 고쳐야 합니다. 시행착오의 과정이야말로 성공의 경험보다 훨씬 더 많은 것을 배울 수 있는 소중한 경험입니다. '어떻게 공부해야 할지 모르겠습니다'라는 말은 '어떻게 살아야 할지 모르겠습니다'라는 말과 같습니다. 이 질문은 다른 사람에게 한다고 해서 의미 있는 답을 얻을 수 없습니다. 자신의 답은 자기 안에 있습니다. 길을 잃고 헤맬 때는 자신에게 물어야 합니다. 무엇을 하고 싶은지, 무엇을 하고 싶지 않은지. 그러다 보면 조금씩 길이 보이고 열릴 것입니다.

## 의심하고 또 의심하라

'믿음'과 '의심'이라는 단어 중 어느 쪽을 좋아하십니까? 물론 '믿음'이겠지요. 그렇다면 믿는 것과 의심하는 것은 어느 쪽이 중요할까요? 두말할 여지도 없이, 의심하는 것이 중요합니다. '사람을 의심하기보다는 믿어서 배신당하는 쪽이 낫다'라는 노래 가사가 있었습니다. 도시에서 살아가는 현대인들에게는 참 현실적이지 않지요.

'거짓말을 하다'는 영어로 'tell a lie', '진실을 말하다'는 'tell the truth'라고 하지요. 'a lie'의 'a'는 'a pen'이나 'a desk'의 'a'처럼, 어디에나 얼마든지 있다는 것을 나타냅니다. 이에 반해 'the truth'

의 ‘the’는 ‘the earth’, ‘the world’의 ‘the’처럼, 이 세상에서 단 하나밖에 없는 것을 나타냅니다.

즉 진실은 하나밖에 없고, 그 외에는 모두 거짓말인 것입니다. 그래서 무언가를 또는 누군가를 간단히 믿어버리는 것은 매우 위험합니다. 의심하고 의심해서 더욱 의심하고, 더 이상 의심할 구석이 없을 때 처음으로 믿을 수 있는 것입니다. 믿는다는 것은 의문을 계속 갖기를 포기하는 일이라고 바꿔 말할 수 있습니다.

‘반신반의’라는 말이 있지요. 저는 이 말이 ‘반의반신’이어야 한다고 생각합니다. 믿기보다는 의심하기를 우선시해야 하므로 신信과 의疑의 순서를 바꿔야 한다고요. 이렇게 해도 만족스럽지는 않습니다. 진실은 하나이고 그 외에는 전부 거짓말인데, 의심과 믿음이 반반이라는 것은 매우 위험하니까요. 여기서 ‘만 가지를 의심하고 한 가지를 믿는다(万疑一信)’는 말이 나옵니다. 하지만 이렇게까지 의심하는 건 너무 과하니, ‘아홉 가지를 의심하고 한 가지를 믿는(九疑一信)’ 정도라면 타당한 선이라 생각합니다.

수학 문제의 답은 하나밖에 없습니다. 처음에 얻은 답을 정답이라고 믿어버리는 것은 매우 위험한 일입니다. ‘정말 이게 정답일까?’라고 의심하면서 문제를 다시 읽고, 이미 얻은 답을 문제에 다시 적용해서 어디에도 모순이 생기지 않는지 확인해야 합니다. 그런 다음에야 정답을 얻었다는 확신을 갖는 것이 맞습니다. 이런 태도는 우리 인생에서도 아무리 강조해도 지나치지 않습니다.

## 결정하기 어렵다면 아닌 것부터 버리자

경기를 막 끝낸 한 마라토너가 인터뷰하는 장면을 TV에서 본 적이 있습니다. 기자가 "막판 스퍼트를 올리겠다는 결정을 어떻게 하셨나요?"라고 묻자, 그 마라토너는 대답했습니다. "제 몸과 의논해서 결정했습니다." 아주 정확하고 멋진 대답이라고 생각합니다. 제 방식대로 표현하자면 '내면의 목소리에 귀를 기울입니다'라는 정도가 될 것 같습니다.

저는 삶에서 중요한 결정을 해야 하는 시점에서 늘 두 가지를 유념합니다. 첫째, 결론 내기를 서두르지 않는다. 둘째, 정답은 없다. 여러 가지 선택지 중에서 어느 한 가지만을 선택하는 일은 늘 매우 어렵지요. 그래서 저는 오히려 '이것만은 너무 싫어!'라고 생각하는, 가장 아닌 것부터 하나씩 제거하는 방법을 씁니다. 이렇게 싫은 것들을 순서대로 제거해 나가면 마지막 하나가 남겠지요. 가끔은 선택지가 모두 사라져버리는 경우도 있습니다. 그럴 때는 시간을 두고 다시 반복합니다.

늘 그렇습니다만, 가장 가혹한 선택지는 마지막까지 남아 있습니다. "또 이렇게 어려운 일을 하지 않으면 안 되는 거구나!"라고 한숨을 쉬면서도 고르게 되지요. 하지만 한 번도 그 선택을 후회한 적은 없습니다. 쉽게 믿는다는 것은 탐구하는 자세를 포기하는 것입니다. 그런 만큼 후회로 이어지는 경우 또한 적지 않다는 것을 기억해둡시다.

✏ 꼭 기억합시다!

- 효율성을 좇는 것이야말로 오히려 가장 비효율적입니다. 실패와 좌절을 통해 얻는 가르침이 가장 큽니다.

- 공부 방법은 삶의 방식만큼이나 개인적인 것입니다. 다른 사람에게 묻는다고 해서 의미 있는 답을 얻을 수는 없습니다.

- 모든 답은 이미 자기 안에 있습니다. 길을 잃고 헤맬 때는 스스로에게 물어봅시다.

# 편한 것을
# 경계하라

'고통'과 '즐거움'이라는 단어 중에서는 어느 쪽을 좋아하십니까? 물론 '즐거움'이겠지요? 저도 그렇습니다. 즐거움보다 고통을 좋아하는 사람은 없을 테니까요. 맞습니다. 사람들은 누구나 쉽고 편한 것을 좋아합니다. 그렇다면 어떤 일이든 고통 없이 쉽게 하는 것이 정말 우리 삶에 이로운 것일까요?

누구나 한번쯤은 일확천금을 손에 넣는 꿈을 꿔봤을 겁니다. 복권을 사는 사람들은 그런 기대를 갖고 있겠지요. '인생 한 방이야. 복권 1등만 당첨되면 평생 놀며 살 거라구!' 실현가능성이 극히 희박하지만 꿈은 꿀 수 있으니까요. 그런데 복권 1등 당첨을 꿈꾸는 사람들에게 한번 물어보고 싶기는 합니다. "정말 돈만 있으면 평생 즐겁게 살 수 있을 거라고 생각하시나요?"라고 말입니다.


## 쉽게 얻은 것은 쉽게 잃는다

30세에 미혼인 K씨가 있다고 생각해 봅시다. 매달 230만 원을 월급으로 받는 회사원입니다. K씨는 일하는 것을 그다지 좋아하진 않지만 돈을 벌기 위해 어쩔 수 없이 날마다 출근을 합니다. 일하기를 좋아하지 않으니 열심히 할 마음도 없고, 당연히 K씨에 대한 회사의 평가도 좋지 않겠지요. 직장에서의 성공 코스에서는 완전히 벗어나 있고, 미래에 대한 청사진 따위는 있는지 없는지조차 모르겠습니다.

그런 K씨의 유일한 취미는 복권을 구입하는 것입니다. 하지만 일본 복권은 1등 당첨금이 37억 정도여서 평생 놀고먹으면서 살기에는 충분하지 않다는 생각이 듭니다. 그래서 해외 초대형 복권에까지 손을 대기 시작합니다. "1등만 당첨돼봐. 이런 회사 따위 당장 그만둬버릴 거야"라는 말을 입버릇처럼 달고 삽니다.

그러던 어느 날, K씨에게 기적 같은 일이 일어납니다. 어마어마한 당첨금이 걸린 복권에 일등으로 당첨된 거지요. 상금은 한도가 없이, K씨가 살아 있는 동안 매달 10억 원이 통장으로 입금됩니다. K씨는 이거야말로 자기 인생 최대의 행복이자 행운이라고 생각했습니다. 그 기쁨을 주체하지 못하고 이리저리 방 안을 펄쩍펄쩍 뛰어다녔습니다. "만세, 해냈다! 이제 난 평생 놀고먹으면서 살 수 있어!"

아무 일도 하지 않아도 매달 10억 원이나 되는 돈이 생기는 대박 인생이 됐는데, 자랑하고 싶지 않을 리 없지요. 한동안 기쁨을 만끽한 K씨는 누구에게라도 이 기쁜 소식을 전하고 싶어서 전화기를 들었습니다. 그러다 문득 생각하지요. '아니야. 내가 부자가 됐다고 소문이 나면 온갖 사람들이 달려들 거야. 좀 도와달라고 매달리면 엄청 귀찮은 일이잖아. 이런 일일수록 소문이 빠른 법이니까 이 일은 친구나 가족들에게도 비밀로 해야겠어. 자, 그럼 이제부터 어쩐다?'

월세 칠십만 원짜리 좁은 원룸에서 K씨는 갑자기 생각에 잠겼습니다. 방 안을 다시 한 번 둘러보니 여러 가지 물건들이 어수선하고 어지럽게 널려 있습니다. '그래, 우선은 이사부터 하자. 그리고 회사는 내일로 당장 그만두는 거야!' 여기까지만 결정하고 K씨는 혼자서 축배를 들러 나갔습니다.

전부터 가보고는 싶었지만 너무 비싸서 갈 수 없었던 유명한 초밥집부터 들어갔습니다. 좋아하는 초밥을 원 없이 실컷 먹고, 가장 비싼 술도 잔뜩 마셨지요. 이렇게 맛있는 초밥이라니, K씨는 행복해서 전율했습니다. 밥값은 백만 원 정도가 나왔지만, 앞으로 매달 10억 원을 손에 쥘 K씨에게는 군것질 값 정도에 지나지 않았지요. 이렇게 맛있는 밥과 술을 혼자 먹어야 하다니 함께 축하해 줄 사람이 없어서 쓸쓸하다는 생각을 잠깐 했지만 곧 어쩔 수 없는 일이라고 마음을 고쳐먹습니다.

다음날 아침, 복권 1등에 당첨될 날을 기다리며 늘 품에 넣고 다니던 사표를 상사 앞에 던지듯 내놓습니다. 상사는 "아, 그래. 그동안 수고했어"라고 한마디 하는 게 전부입니다. K씨는 사표가 너무 순순히 수리되는 걸 보고 살짝 맥이 빠지긴 합니다. '이건 뭐지? 마치 내가 사표 쓰기를 기다린 것 같잖아. 내가 그렇게 쓸모없었나?' 하지만 곧 '아무려면 어때'라고 생각합니다.

짐을 정리하는 K씨를 보고 옆자리의 동료가 묻습니다. "갑자기 회사를 그만두다니 무슨 일이야?" K씨가 "응, 그냥 좀 일이 있어서…"라고 말끝을 흐리자 더 이상 묻지 않습니다. 그 외에는 아무도 K씨의 일을 궁금해 하지 않네요. 생각해보니 회사에서 그다지 친한 사람도 없습니다.

회사를 나온 K씨는 그 길로 곧장 부동산에 가서 역세권의 최고급 아파트를 계약하고, 값비싼 가구도 구입했습니다. 처음 받은 10억을 순식간에 다 써버렸지만, 매달 10억이 생길 텐데 걱정할 일이 아닙니다.

새집으로 이사하고 한동안은 정말 행복해 합니다. 하지만 그 기쁨은 처음 일주일이 지나자 시들해집니다. 출근할 일도 없으니, 매일 아침에 일어나면 오늘은 무얼 하며 보낼지가 고민입니다. 한

동안 K씨는 초호화 크루즈 여행, 퍼스트 클래스를 타고 하는 세계 일주 여행 등 그동안 꿈꿔왔던 모든 걸 다 해봅니다. 그러나 그것도 어느 정도 지나자 해외여행은 언어도 음식도 불편해서 그다지 즐겁지 않고, 아무리 맛있는 음식도 매일 먹다 보니 질려버립니다. 얼마 못 가서 K씨는 아무것도 하고 싶지 않았고, 어떤 일도 즐겁지 않았으며, 심지어 문 밖을 나서는 것조차 귀찮아져버렸습니다. 그의 곁에 아무도 남지 않은 것은 물론입니다.

그때서야 K씨는 생각합니다. '이런 생활을 죽을 때까지 계속해야 한다면 너무 끔찍해. 내가 꿈꾸던 생활은 이런 게 아닌데. 이건 사는 게 아니야. 불평을 하면서도 회사에 다녔던 그때가 차라리 즐거웠어.'

실제로 전 세계에서 복권 1등에 당첨되어 일확천금을 손에 쥔 사람들의 삶은 행복하지 않았습니다. 당첨금은 금세 다 써버리고 삶의 마지막은 오히려 비참했다고 합니다. 1등에 당첨되고도 그때까지 해오던 일을 계속하면서 자기의 일상을 이어나간 몇몇 지혜로운 사람들만이 행복한 인생을 유지했다고 하지요.


## 머리는 쓴 만큼 좋아진다


'쉽게 들어온 돈은 쉽게 나간다'라는 말이 있지요. 이 말이 꼭 돈

에만 해당되는 것은 아닐 겁니다. 노력에 비해 과분하게 큰 성과
는 결코 사람을 행복하게 하지 못합니다. 공부도 마찬가지입니다.

A, B, C 세 사람이 수학문제에 도전했습니다. A는 5초 만에 정
답을 맞혔습니다. B는 하루 종일 걸려서 겨우 정답을 알아냈지요.
C는 5초 만에 포기했습니다. 세 사람의 성적을 높은 순으로 나열
하면 물론 A>B>C입니다. 그렇다면, 이 문제를 풀어서 가장 큰
이익을 얻은 사람은 누구일까요?

B>A≧C의 순입니다. A와 B 모두 정답을 맞혔지만 5초 만에
정답을 맞힌 A에게 그 문제는 풀 가치도 없는 쉬운 문제입니다.
이런 경험은 전혀 머리에 남지 않습니다. B는 하루 종일 문제를
붙들고 씨름하면서 머리를 많이 썼습니다. 그만큼 똑똑해졌으며,
게다가 마지막에는 정답까지 맞혔으니 큰 만족감과 성취감을 얻
을 수 있었습니다. 포기해버린 C는 말할 가치도 없습니다.

문제를 풀 수 있다고 해서 학습력이 향상되는 것은 아닙니다. A
처럼 5초 만에 풀 수 있는 문제는 백만 문항을 풀어도 무의미합니
다. 그래서 문제를 통해 가장 큰 이익을 얻은 사람을 생각할 때, A
의 경우는 심지어 문제 풀기를 포기한 C와 맞먹을 정도로 그 경험
이 무의미하다는 거지요. 잘 풀리지 않아도 관심을 갖고 계속 문
제 풀이에 도전하는 것이 중요합니다. 학습력을 향상시키는 것은
풀어 낸 문제의 개수가 아니라 그 문제를 풀기 위해 얼마만큼 머
리를 썼는가에 달려 있습니다.

또한 문제에 따라서는 여러 가지 풀이법이 있을 수 있지요. 풀이법 D가 1분 정도 걸린다면, 풀이법 E는 10분 이상 걸릴 수도 있습니다. 그렇다면 이 경우에는 어느 쪽이 더 이익이 될까요? 입시 시험에서는 당연히 풀이법 D가 압도적으로 유리합니다. 입시에서는 시간과의 싸움도 큰 비중을 차지하니까요. 그러면 풀이법 E는 전혀 쓸모가 없을까요? 그렇지는 않습니다.

제가 가르치는 수업에서는 초등학교 3학년 때는 퍼즐만으로 공부하다가 초등학교 4학년부터 수학공부를 시작합니다. 교육 과정은 진도가 매우 빨라서 초등학교 4학년 12월이면 중학교 입시의 범위가 대략 끝이 납니다. 초등학교 4학년 1학기에는 문장형의 문제라도 가능하면 수식을 사용하지 않고 전부 쓰게 합니다. 시간만 있다면 대부분의 문제는 정답을 맞힐 수 있지요.

수업은 우선 힌트 없이 문제를 풀게 합니다. 그 후에 설명을 하지요. 처음에는 시간이 걸리는 쓰기를 통한 풀이법을 소개하고, 그 다음에 간단한 공식을 사용한 풀이법을 소개합니다. 이 때, 쓰기를 통한 풀이법으로 정답을 낸 아이는 공식을 사용한 풀이법도 이해하지만, 그렇지 않은 아이는 이해를 못 합니다. 쓰기를 통한 풀이법을 싫어하는 아이는 이런 식으로 생각하지요. '쓰는 건 귀찮아. 나중에 선생님이 알려주시는 간단한 공식을 사용한 풀이법을 외우는 편이 훨씬 빠르고 편해.'

이어서 다음 문제를 냅니다. 이번 문제는 앞의 것보다 조건이 복잡합니다. 쓰기를 통한 풀이법을 해온 아이는 이전과 같이 오직 쓰기를 통한 풀이법으로 정답을 찾아냅니다. 하지만 편리하게 공식만 외우려 했던 아이는 이번에도 같은 생각을 하지요. '어? 아까보다 조건이 한 개 많잖아. 앞 문제의 공식으로는 적용이 안 되네. 이따가 선생님이 알려주시는 공식만 외우면 되겠지 뭐.'

여기서 학습력의 차이는 점점 벌어져버립니다. 수학공부에서 '쓰기'는 아주 유효한 무기입니다. 최근 상위학교에서는 기본이 되어버린 사고력 문제, 조건정리 문제는 이 '쓰기'를 통한 풀이법으로 거의 다 풀 수 있습니다. 쓰는 것을 귀찮아하고 시간이 아깝다고 생각해서 공식만을 외우려고 한 아이는 절대 문제 풀이를 위한 사고력이 향상되지 않습니다. 학습력이 향상되지 않는 수업에 나와 앉아 있어봐야 오히려 시간을 허비하는 것이겠지요.


## 수학 공식이 사고력을 망친다

꾸준하게 쓰면서 푸는 아이와 쓰기를 귀찮아해서 공식만을 외우려는 아이, 아이들은 왜 이 둘로 나뉘는 걸까요? 아이의 성격 문제라고 할 수도 있겠습니다만, 저는 부모와의 관계에 주목합니다. 수학문제의 풀이 과정을 모두 써내는 아이는 가정에서 공부에 쫓기지 않는 아이입니다. 그만큼 여유와 힘이 있는 거지요.

반대로, 공식만을 암기하려 하는 아이는 가정에서 분명히 공부에 쫓기고 있는 아이입니다. 이런 아이는 학원에서도 출제 범위를 정해준 시험에서 점수를 따는 방법만 익히는 것을 공부라고 잘못 생각하고 있습니다. 시간을 들여 사고력을 키우는 것이 아니라 오직 문제 푸는 법을 익히는 데에만 시간을 쓰려고 하지요. 그렇게 시간과 싸우며 쫓기다 보니 몸과 마음이 늘 지쳐 있고, 뭔가를 꾸준하게 써나갈 기력도 없습니다.

혹시 가정에서 수학문제의 풀이 과정을 차근차근 써내려가며 풀고 있는 아이에게 이렇게 말씀하신 적은 없습니까? "얘 봐. 왜 그렇게 바보같이 풀고 있어? 그렇게 시간이 걸리면 시험 볼 때 어쩌려고? 공식에 대입하면 훨씬 빠르고 쉬운데. 이 문제는 이 공식을 쓰면 되잖아. 이 공식을 외워!" 이렇게 해왔다면 아이들을 잘못 가르치고 있으니 당장 방법을 바꾸세요!

제 수업의 목적은 아이가 머리를 쓰도록 유도하는 것입니다. 그래야 사고력, 학습력이 향상됩니다. 문제를 풀고 못 풀고는 상관없습니다. 문제를 푸는 동안 머리를 계속 쓴다면 반드시 사고력은 길러집니다. 원래 공부를 잘 못했던 아이라도 상관없습니다. 그 아이의 수준에서 머리를 쓰는 법과 그 재미를 알게 하고, 그래서 사고력을 키울 수 있다면 그것으로 충분합니다. 수업 중에 문제를 붙들고 씨름하지 않는 아이는 학교든 학원이든 어떤 수업을 들어도 시간 낭비라는 것을 부모님들이 먼저 알아야 합니다.

어떤 한 가지 일을 이루는 데 가장 필요한 자질은 참을성입니다. 제가 내는 문제들은 어떤 한 가지도 일반적인 방법으로는 풀 수 없는 것으로, 착실하게 정성을 들여 풀어가야 합니다. 이 과정이 가능한지 아닌지는 참을성이 있는지 없는지에 달려 있지요. 아이에게 이런 참을성이 없는 경우에는 두 가지 원인을 생각해볼 수 있습니다.

첫째, 문제 자체에 흥미가 생기지 않는 경우입니다. 바둑이 취미인 사람은 바둑알과 판만 있으면 하루 종일이라도 즐겁게 지낼 수 있습니다. 하지만 흥미가 없는 사람은 3분도 힘들겠지요. 이런 경우는 그냥 빨리 포기하는 것이 낫습니다. 어떤 일에 흥미가 없는 것은 어쩔 수 없는 일이고, 이럴 때는 아무리 무리해서 시켜봐야 실력이 늘지 않습니다.

둘째, 부모가 참을성이 없는 경우입니다. 이런 부모는 좋은 선생님, 좋은 학원, 좋은 참고서, 좋은 문제집을 구하는 데 최선을 다합니다. 날마다 최신의 정보를 수집하는 데에만 혈안이 돼 있지요. 집에는 거의 손도 대지 않은 교재가 산처럼 쌓여 있을 겁니다. 성과가 나타날 때까지 한 가지에만 집중하는 진득함이 없는데 잘될 리가 없지요. 아이에게도 이거 하랬다가 저거 하랬다가 하기 바쁘니, 그 집 아이가 참을성이 없는 것은 당연합니다.

이런 부모님들은 대개 이렇게 생각합니다. '입시에 반드시 성공하는 법이 어딘가에 있을 거야. 누가 알고 있을까? 어딜 가야 들을 수 있지? 그 정보만 손에 넣으면 우리 아이도 잘 할 수 있을 텐데….' 입시에 성공한 자녀를 둔 부모에게 그 비결을 물어도 별 뾰족한 답을 듣지 못하는 경우가 많습니다. "글쎄요, 특별한 건 없고요 그냥 교과서에 충실한 게 전부예요."

참을성 없는 부모는 이 말을 곧이곧대로 믿지 않겠지만, 이 말은 사실입니다. 공부에 왕도라는 게 있을 턱이 있습니까. 단지 하나, 부모가 '특별'하게 쓸데없는 짓만 하지 않으면 대부분의 아이는 스스로 잘 해나갈 수 있습니다.


### 성취감이 없어도 만족감을 느꼈다면 OK

성취감은 문제를 풀었을 때 느낄 수 있습니다. 하지만 만족감은 좀 다릅니다. 문제를 풀든 풀지 못하든 상관없이, 그 문제를 풀려고 애쓰는 동안 머리를 충분히 사용했다면 만족감을 느낄 수 있습니다.

제 수업에서는 한 번에 10문항의 문제를 내는데, 지금까지 모든 문제의 정답을 맞힌 아이는 한 명도 없습니다. 아이들의 4분의 3은 한 문제도 풀지 못하고, 그 중에 과반수는 설명조차 한 문제도 이해하지 못합니다. 한마디로 성취감을 맛보고 수업을 마치는 아이는 거의 없는 셈입니다. 하지만 아이들 대부분이 '오늘도 실컷 머리를 썼어'라는 만족감은 느낍니다.

문제를 풀 수 있는가 아닌가, 설명을 이해할 수 있는가 아닌가는 상관없습니다. 처음 아이들을 가르치기 시작했을 때는 '이렇게 수업 내용을 이해하지 못한 채로 끝내도 괜찮을까?' 하는 고민도 했습니다. 하지만 지금은 확신합니다. 아무리 이해도가 떨어지는 아이라도 머리를 계속 쓰기만 한다면, 결국에는 스스로 공부하는 힘을 키워 성적도 오르고 입시에도 합격합니다. 아이들의 힘을 믿으세요!

**꼭 기억합시다!**

- 수학공부에서만큼은 간단하고 쉬운 것이 득이 되지 않습니다. 풀이 과정을 쓰는 것이 귀찮다고 간단한 공식만 외워 대입하려 해서는 머리를 쓸 수 없고, 사고력도 늘지 않습니다.

- 학습력은 문제를 풀기 위해 끊임없이 생각하고 또 생각할 때 향상됩니다.

- 어떤 한 가지 일을 이루는 데 가장 필요한 자질은 참을성입니다. 참을성 없는 부모가 '특별'한 무언가를 하려고만 하지 않는다면 아이들은 대부분 잘 해냅니다.

- 성취감은 문제를 풀었을 때만 느끼지만, 만족감은 문제 풀이의 가부가 아니라 문제를 풀기 위해 애쓰는 동안 머리를 계속 썼다면 충분히 느낄 수 있습니다.

# 근력을 키우듯
# 학습력을 키워라

너무 마르고 약한 아이를 둔 부모는 걱정이 많을 겁니다. 열심히 챙겨 먹이고 운동도 시켜보려고 하겠지요. 이런 대화를 생각해볼 수 있을 겁니다. "넌 너무 말라서 보기에도 약해 보여. 오늘부터라도 이 아령으로 운동을 시작해. 매일 20회 이상 들어 올리는 거다!" "너무 무거워요. 이렇게 무거운 걸 어떻게 들어요?" "시끄러워! 하라면 할 것이지, 얼른 시작해!" "으악! 무거워 죽겠어요. 힘들어요, 도저히 안 돼요!"

이런 상황이면 아이에겐 운동이 아니라 고문입니다. 도무지 운동 효과가 있을 것 같지 않습니다. 무리해서 강요한다고 될 일이 아니지요. 학습력을 높이는 것도 근육을 키우는 것과 비슷합니다.

아이에게 공부를 강요한다고 해서 성과가 오르지는 않습니다.

그런데 근력을 단련하는 목적이 뭐라고 생각하십니까? 무거운 것을 들 수 있게 되는 것? 단지 그건 아니겠지요. 그럼, 아령을 반복해서 들 수 있게 되는 것? 그것 또한 아닐 겁니다. 근육을 키우는 것이겠지요. 공부를 하는 목적이 학습력 향상인 것처럼 말입니다. 그렇다면 근육을 키우는 것은 어떤 장점이 있을까요? 몸이 군살 없이 탄탄하고 아름다워진다, 신진대사가 활발해지고 기초대사량이 높아져서 살이 잘 찌지 않는다, 이런 정도일 겁니다.

## 올바른 운동법과 학습법의 공통점, 부하를 걸어라!

올바른 학습법을 설명하기 위해 올바른 근육단련법을 비유해 보겠습니다. 우선 적절한 무게의 아령을 고릅니다. 너무 가벼우면 효과가 없고, 너무 무거워도 자세가 흐트러집니다. 바른 자세를 잡고 근육의 움직임을 의식하면서 천천히 적당한 횟수로 동작을 반복합니다. 그리고 서서히 부하를 높여갑니다.

근육을 키우기 위해 중요한 것은 근력운동 외에 더 있습니다. 식사와 휴식도 똑같이 중요합니다. 손상된 조직을 재생시키기 위해 양질의 단백질을 섭취해야 하며, 고부하의 근력운동을 한 경우에는 48시간 이상을 쉬어주어야 합니다. 너무 쉬면 트레이닝 효과가 없어지지만, 손상된 조직이 재생되기 전에는 같은 부위를 운동해도 근육은 커지지 않습니다.

공부도 마찬가지입니다. 머리에 부하를 걸어놓는 것을 의식하면서 문제를 풉니다. 이해하면서 풀어나간다는 거지요. 공부할 때는 머리에 부하만 걸려 있다면 문제가 풀리지 않아도 효과는 같습니다. 이와는 반대로, 머리에 부하가 걸려 있지 않은 상태에서는 아무리 문제를 많이 풀어도 전혀 효과가 없습니다. '문제집 10쪽부터 30쪽까지 전부 풀어와!'라는 숙제를 머리에 부하를 걸지 않은 상태로 기계적으로만 푼다면 하지 않느니만 못하다는 거지요.

공부에서도 식사와 휴식은 중요합니다. 건강하지 않으면 머리를 충분히 사용할 에너지도 생기지 않지요. 또 머리를 100퍼센트 쓰면서 공부했다면 그 내용을 뇌에 새길 만큼의 수면도 반드시 필요합니다.


## 중요한 것은 근본적인 해결책 찾기


어깨가 결리면 어떻게 하십니까? 주물러달라고 하거나 파스를 붙인다고요? 가장 일반적인 방법이지만, 그것으로는 잠깐 시원할 수는 있지만 근본적인 해결법은 아니지요. 어깨 결림을 근본적으로 해결하려면 왜 어깨가 뭉치고 결리는지를 아는 게 먼저입니다.

어깨 결림 증상은 왜 생기는 걸까요? 인체에서 무거운 머리를 지탱해주고 있는 것은 승모근이라는 어깨의 근육입니다. 이 근육이 가늘면 무거운 머리를 떠받치기 위해 항상 최대근력의 80퍼센트 이상의 힘을 쓰며 무리를 하게 됩니다. 그러다 보면 혈액순환이 나빠져서 혈관에 노폐물이 쌓이고, 이런 이유로 어깨가 뭉치고 결리는 것입니다.

뭉친 어깨를 주무르거나 파스를 붙이면 그 부위를 자극하게 되어 쌓였던 노폐물이 다시 흘러갑니다. 잠시나마 혈액순환이 좋아지면서 어깨 결림 증상은 진정되고 편안해지지요. 하지만 다시 일정 시간이 지나면 예전처럼 혈액순환이 나빠져서 어깨가 뭉치는 일이 반복됩니다. 어깨를 주무르는 것이 근본적인 해결책이 되지는 못하는 거지요.

그렇다면 어떻게 해야 할까요? 답은 간단합니다. 승모근을 단련하면 됩니다. 전혀 어려운 일이 아닙니다. 우선 스포츠 용품점에 가서 근육단련용 고무밴드를 구입합니다. 집에 있는 고무줄을 여러 겹 쥐고 사용해도 좋습니다. 널찍하고 긴 고무밴드의 양끝을 두 손으로 잡고, 한가운데 부분을 두 발로 밟습니다. 그 자세로 팔을 올리고 내리기를 반복하면 승모근이 자극을 받지요. 자극이 약하면 밴드를 짧게 잡고, 강하면 밴드를 길게 잡아 강도를 조절합니다.

이 운동을 아침저녁으로 30회 정도 꾸준히 해주면 승모근이 단련되어 어깨 결림 증상에서 평생 해방될 수 있습니다. 통증이 생기는 부위의 근육을 단련하는 것이야말로 근본적인 해결책이지요.

이번에는 공부의 경우를 생각해볼까요. 수학 문제를 못 풀었을 때는 어떻게 하나요? 대부분 선생님한테 질문하겠지요. 대부분의 선생님들은 친절하고 자세하게 잘 가르쳐 줍니다. 설명을 듣는 순간은 완전히 이해했다고 생각하지요. 그러나 나중에 다시 풀어보면 같은 부분에서 막히는 경우가 많습니다. 다시 선생님한테 질문해서 같은 설명을 듣고 나면 이번에야말로 완전히 이해한 것 같은 기분이 들지요. 하지만 집에 가서 다시 풀어보면 역시 잘 안 풀립니다.

어깨가 뭉치고 결릴 때 어깨를 주무르는 것만으로는 증상을 근본적으로 해결할 수 없는 것처럼, 모르는 수학 문제를 선생님한테 질문한다고 해서 근본적으로 해결되지는 않습니다. 그러면 어떤 방법이 있을까요? 이것 역시 간단합니다. 머리를 단련하면 됩니다. 머리에 부하를 걸 만한 문제를 그 부하를 느끼면서 푸는 것입니다. 이렇게 연습하다 보면 같은 문제나 같은 부분에서 자꾸 막히는 일도 없고, 언젠가는 어려운 문제도 얼마든지 풀 수 있게 됩니다.

이번에는 다이어트를 예로 들어 보지요. 다이어트의 목적은 무엇입니까? 살을 빼는 것일까요? 크게 잘못된 생각입니다. 그래서 다이어트에 실패하는 경우가 많습니다. 살을 빼는 것이 목적이라면 먹지 않으면 됩니다. 일주일 정도 단식을 하면 살은 빠지겠지요. 하지만 그런 방법으로는 안색이 나빠지고, 피부도 거칠어지며, 전체적으로 몸에 기운이 빠집니다. 살이 빠져 날씬해졌다기보다는 수척해졌다는 표현이 더 어울리겠지요.

그렇게라도 체중만 줄이면 만족할 수 있나요? 그건 아니겠지요. 전제 자체가 잘못된 것입니다. 다이어트의 목적은 단순히 살을 빼는 것이 아니라 아름다워지는 것입니다. 식사량을 줄이는 것도 중요하지만 운동도 같이 해줘야 살이 빠져도 몸의 탄력을 유지할 수 있습니다. 운동을 처음 시작할 때는 귀찮을 수도 있지요. 하지만 아침저녁으로 스트레칭을 해주고, 아령 혹은 고무밴드로 운동하는 습관을 들이면 하루를 기분 좋게 보낼 수 있습니다. 이렇게 운동하다 보면 몸에 해로운 음식은 저절로 먹고 싶어지지 않지요.

잘못된 학습법은 잘못된 다이어트와 많이 닮았습니다. 문제를 많이 풀어보기만 하면 다 할 수 있다는 생각으로 수면시간까지 줄여가면서 공부시간을 늘립니다. 이런 식으로는 당장의 시험에서는 점수를 얻을 수 있을지 모르지만 학습력은 늘지 않습니다. 잠자는 시간을 줄였으니 몸의 건강에도 정신건강에도 좋을 리 없겠지요. 공부를 하는 목적은 학습력을 향상시키는 것입니다. 공부를 이유로 아이의 생명력을 갉아먹는 생활을 강요하는 어리석은 부모는 되지 마시기 바랍니다.

 **꼭 기억합시다!**

- 학습력을 향상시키는 것은 근육을 키우는 것과 같습니다. 무리하게 강요한다고 효과적이지도 않으며, 꾸준히 단련해야 합니다.

- 머리에 부하를 느끼면서 풀지 않은 문제는 학습력을 높이는 데 전혀 도움이 되지 않습니다.

- 어깨 결림 증상을 근본적으로 해결하려면 승모근을 단련해야 하듯, 학습력을 높이려면 사고력이나 집중력 등 두뇌 그 자체를 단련시켜야 합니다.

- 공부를 이유로 아이의 생명력을 갉아먹는 생활을 강요하는 어리석은 부모는 되지 맙시다.

# 4장

# 머리가 **좋아지는** 공부법
# **나빠지는** 공부법

# 중학교 입시와 월드컵의 공통점

중학교 입시와 월드컵에는 어떤 공통점이 있을까요? 언뜻 생각하기에는 아무런 관계도 없어 보입니다. 하지만 저는 2002년에 한국과 일본이 공동으로 개최한 월드컵을 보면서 중학교 입시와 여러 가지 공통점이 있다는 사실을 알았습니다.

### 성공에는 이유가 없지만, 실패에는 분명한 이유가 있다

먼저, 축구는 경기를 하는 두 팀 간에 어느 정도 실력 차이가 없으면 좀처럼 점수가 나지 않는 게임이라는 것을 알게 됐습니다. 실력이 비슷한 두 팀이 시합을 할 경우, 상대편이 실수를 하지 않는 한 점수가 나지 않습니다. 즉, 승패를 결정짓는 원인은 항상 지는 쪽에 있다는 것을 확실히 알게 됐지요. 지는 쪽에는 분명한 패배의 원인이 있습니다. 납득하기 힘든 패배는 없더군요. 반면, 이긴 쪽에는 분명한 승리의 원인이 없습니다. 대신 납득하기 힘든 이상한 승리는 있었습니다.

중학교 입시도 마찬가지입니다. 시험에 합격한 아이에게는 이렇게 하면 합격한다는 분명한 이유가 없습니다. 반면, 시험에 떨어진 아이에게는 이런저런 이유로 실패했다는 분명한 이유가 있지요.

축구뿐만 아니라 경기가 종료되고 나면 이긴 팀과는 늘 인터뷰를 하지요. 감독이나 그 경기에서 최고로 활약한 선수가 대개 인터뷰를 하게 됩니다. 저는 이런 장면을 볼 때마다 언제나 불편함을 느낍니다. 기자가 먼저 "축하합니다!"라며 마이크를 내밀면 "감사합니다!"라는 답이 돌아오지요. 이 장면에서는 승리한 팀의 기쁨이 그대로 전달되기 때문에 비록 내가 응원하지 않은 팀이 이겼더라도 충분히 공감이 됩니다.

문제는 그 다음 장면부터입니다. "승리할 수 있었던 요인을 한마디로 말씀해 주신다면요?" 기자의 이 질문에는 대부분의 감독이나 선수가 말을 머뭇거립니다. "음…글쎄요…"라고 뜸을 들인 후, 무슨 말이라도 해야 한다는 부담감에 억지로 이런저런 대답을 하는데 거의 공감하기가 힘듭니다. 저는 이 장면에서 늘 불편함을 느낍니다. 저도 모르게 "정말로 그렇게 생각하는 거야?"라고 혼잣말을 하곤 하지요.

이에 반해, 경기에 진 팀의 감독과 선수들이 패인을 분석하는 인터뷰는 좌담 형식으로 진행됩니다. 이 인터뷰의 내용은 아주 분명하고 충분히 공감이 됩니다. "전반 42분에 상대편 10번 선수가 왼쪽으로 달려 나갔을 때, 두 명의 수비수가 그쪽을 수비하느라 공간을 비운 것이 큰 실수였습니다." 이런 식으로 아주 구체적이고 이해하기 쉽습니다.

방금 본 경기의 흐름을 다시 되짚어보고 싶다면, 경기 후의 인터뷰는 이긴 팀이 아니라 진 팀의 감독과 하는 것이 훨씬 더 도움이 될 것입니다. 하지만 진 팀을 불러서 인터뷰하기는 쉽지 않겠지요. 응하는 사람도 없을 것이며, 질문하는 쪽도 곤란할 겁니다.

중학교 입시 후에도 합격 체험기가 쏟아지는데, 이 체험기들도 참 불편한 느낌을 줍니다. 읽다 보면 공감이 된다기보다는 "정말 그렇게 생각해?"라고 묻고 싶어지는 내용이 많습니다. 이 경우에도 불합격 체험기가 오히려 도움이 되겠지만, 마찬가지로 아무도 쓰겠다는 사람이 없겠지요.

중학교 입시와 월드컵의 공통점은 또 있습니다. 국내 리그나 친선 시합과는 달리, 월드컵은 일생에 한 번 출전하느냐 마느냐 할 정도로 중요한 시합입니다. 그러니 경기를 하는 선수들도, 지켜보는 사람들도 손에 땀을 쥐게 되지요.

축구 시합은 전후반 각 45분 동안 경기가 진행됩니다. 이 중 실점하기 쉬운 시간대는 시합이 시작된 직후의 5분간과 시합이 끝나기 직전의 5분간입니다. 그 사이의 시간대는 어지간히 실력 차이가 나지 않고서는 공의 움직임을 따라 운동장을 뛰어다니는 것이 전부지요. 마치 참을성을 겨루는 시합 같습니다.

한 가지 더 위험한 시간대는 골을 넣은 직후와 골을 먹은 직후입니다. 앞에서도 말했듯이, 축구는 상대편이 실수하지 않으면 좀처럼 이기기 힘든 게임입니다. 뒤집어 말하자면, 실수하지 않는 한 지지는 않는다는 거지요.

그렇다면 실수는 왜 하는 걸까요? 이유는 분명합니다. 집중력이 떨어져서입니다. 축구 경기에서 실점하기 쉬운 시간대 역시 집중력이 떨어지기 쉬운 시간대입니다. 바로 '마의 시간대'지요. 그 시간대가 왜 마의 시간대인지 한빈 볼까요?

· 경기 시작 후 5분간 – 충분히 워밍업 된 상태가 아니다. 집중력을 올릴 수 없다.

· 경기 종료 전 5분간 – 피곤하다. 조금만 참으면 끝난다는 생각으로 해이해진다.

· 골을 넣은 직후 – 이기고 있다고 안심하면서 긴장감이 떨어진다.

· 골을 먹은 직후 – 졌다고 낙심해서 의욕을 잃는다.

이 상황을 1과목에 40~60분짜리 중학교 입시에 그대로 대입해 보겠습니다.

· 시험 시작 후 5분간 – 시험의 긴장감을 다 떨치지 못했고, 아직 문제를 푸는 머리도 워밍업이 덜 돼 있다.

· 시험 종료 전 5분간 – 문제를 푸느라 피곤하고, 이제 곧 시험이 끝난다는 생각에 집중력을 잃기 쉽다.

· 문제를 풀어낸 직후 – 문제가 풀리면 자만해서 집중력을 잃기 쉽다.

· 문제가 풀리지 않은 직후 – 안 풀리는 문제와 씨름하느라 시간마저 훌쩍 지나버리면 당황하고 초조해져서 침착함을 잃는다.

그렇다면 어떻게 해야 집중력이 떨어지는 걸 막을 수 있을까요? 이것 역시 간단합니다. 경기가 끝날 때까지, 시험이 끝날 때까지 긴장감을 지속시킬 수 있으면 됩니다. 이것은 단지 중학교 입시와 월드컵만이 아니겠지요. 일생일대의 승부가 걸린 일이라면 다 마찬가지입니다. 연주 실력을 겨루는 콩쿠르에서든 올림픽 장대높이뛰기 경기에서든 실수를 한 사람은 자멸하고, 긴장감을 지속시켜 집중력을 유지하는 사람만이 마지막 승리를 쟁취합니다.

인생에서 성공과 실패의 비율은 어느 정도일까요? 물론 개인차는 클 테지만, 제 생각으로는 대략 1대 100정도가 아닐까 합니다. 어느 정도의 성취를 성공이라고 불러야 할지도 사실 좀 애매하긴 하지요. 어쨌거나 '대성공'이라고 할 만한 일은 일생에 단 한 번이어도 충분할 겁니다.

하지만 단 한 번 있었던 대성공의 여운과 추억만 곱씹으면서 남은 인생을 의미 있게 보낼 수는 없습니다. 그래서도 안 되고요. 최선을 다한 끝에 멋지게 대성공을 거둔다면 하룻밤 정도 그 행복한 여운을 즐기는 것으로 충분합니다. 그러고는 대성공의 기억을 추억으로 저장하고 빠르게 다음 단계로 나아가야 합니다.

반대로, 가는 곳마다 하는 일마다 맞닥뜨리는 실패와 좌절의 경험은 아주 소중히 해야 합니다. 어떤 것에 도전해서 실패했을 때, 그저 운이 나빴을 뿐이라며 아무 대책도 없이 재도전해봐야 잘 될 리가 없습니다. 실패나 좌절의 경험에서 배우지 못하는 사람은 큰 도전일수록 반드시 실패하고 맙니다. 앞에서도 얘기했듯이, 성공에는 뚜렷한 이유가 없습니다. 짧게 그 기쁨을 즐기고 빨리 다음 단계로 나아가야 합니다. 하지만 실패에는 분명한 이유가 있습니다. 왜 실패할 수밖에 없었는지 문제점을 철저히 밝히고 대책을 마련해서 다음을 준비할 수 있어야 합니다.

　　인생에서 성공과 실패의 비율이 1대 100이라면, 성공한 사람도 그렇지 못한 사람도 이 비율이 크게 다르지는 않을 겁니다. 성공한 인생을 산 사람은 그렇지 않은 사람에 비해 도전 횟수도 많을뿐더러 실패와 좌절의 경험 또한 많습니다. 그 경험에서 배우고 쌓은 힘으로 마지막에는 성공할 수밖에 없는 거지요. 이런 과정

없이 대성공을 거두는 사람은 세상에 없습니다. 한 번의 성공 뒤에는 아흔아홉 번의 실패와 좌절이 반드시 있게 마련이지요.

성공하지 못한 사람에게도 이유는 있겠지요. 실패와 좌절의 경험에서 아무것도 배우지 못했거나, 실패를 겁내서 아예 도전하지 않았거나 둘 중 하나일 겁니다. 이런 사람은 자신의 결점과 약점을 직시할 용기가 없는 것입니다.

제 수업에서는 아무것도 가르치지 않은 상태에서 갑자기 문제를 냅니다. 여기서 생각하는 아이와 포기하는 아이로 나뉘지요. 포기하는 아이는 물론 실력이 늘지 않지만 그냥 내버려둡니다. 생각하기만 놓치지 않는다면 언젠가 반드시 실력은 늘기 때문입니다. 문제를 푸는 제한 시간이 지나면 아이들의 답을 확인은 하지만 맞았는지 틀렸는지는 알려주지 않습니다. 아이들은 자기 답이 맞았는지 틀렸는지 모른 채로 검산을 합니다. 그러면서 자기가 실수한 부분을 수정해 나가지요. 시행착오를 겪으면서 조금씩 정답에 가까워지는 과정을 경험하게 하는 겁니다.

우수한 아이들은 한 번에 정답을 맞힐 거라고 생각하시나요? 꼭 그렇지도 않습니다. 어떤 문제든 대번에 정답을 맞히는 똑똑한 아이도 제한 시간 안에 문제를 푸는 과정을 가만히 지켜보면 여러 가지 실수를 저지릅니다. 그 실수를 스스로 수정할 수 있는지 아닌지는 집중력에 달려 있습니다. 집중력은 얼마나 그 문제에 관심을 갖고 깊이 빠져들어 있는지에 달렸지요. 중요한 것은 실수하지

않는 것이 아니라, 스스로 실수한 부분을 찾아내고 그것을 수정할
줄 아는 것입니다.

 **꼭 기억합시다!**

- 성공에는 분명한 이유가 없지만, 실패에는 분명한 이유가 있습니다. 실패했다면 문제점을 밝히고 대책을 마련함으로써 배우는 자세를 잊지 맙시다.

- 실수를 하는 이유는 집중력이 떨어져서입니다. 마지막까지 긴장감을 늦추지 않고 집중력을 발휘하는 사람만이 승리를 얻습니다.

- 성공의 기쁨은 짧게 즐기되, 실패와 좌절의 경험에서는 충분히 배워야 합니다. 실패와 좌절이야말로 인생 최고의 가르침입니다.

# 노력은 괴롭기만 할까?

노력이라는 말에서 어떤 것을 상상하십니까? 괴로워도 참고, 입술 꽉 깨물고, 피눈물을 흘리면서…. 이런 것들인가요? 노력이 그런 것이라면 아무도 스스로 노력하고 싶어 하는 사람은 없을 것 같습니다. 하지만 '밝은' 노력, '즐거운' 노력도 있습니다. 어떤 일을 하는 데 집중해서 빠져 있다가 정신을 차려보니 몇 시간이 훌쩍 지나 있었던 경험을 해보신 적 있나요? 이런 것이 즐거운 노력에 해당합니다.

공부하는 아이들 역시 열중해서 빠져들어 있는 동안 학습력이 오릅니다. 이것이야말로 올바른 노력입니다. 괴로워도 견디면서 버티는 노력은 절대 길게 가지 않습니다.

어느 부모님이 이런 질문을 하더군요. "언제쯤이면 좀 쉽고 편하게 공부할 수 있을까요?" 저는 단칼에 그런 건 없다고 대답했습니다. 하나의 장애물을 뛰어넘고 나면 더 높은 장애물이 놓여 있을 뿐, 살아 있는 동안에 편하기를 바라면 안 됩니다. 장애물을 뛰어넘는 것 자체를 기쁨으로 여기든, 모든 장애물을 피해서 살든 둘 중 하나입니다. 살아서는 답이 없습니다.

죽고 나면 얼마든지 편해지겠지요. 일하지 않아도 되고, 숨을 쉴 필요도 없습니다. 지금 하는 공부가 괴롭다면 방법이 잘못됐든지, 공부에 재능이 없든지 둘 중 하나입니다. 방법이 틀렸다면 다른 방법을 찾으면 되고, 재능이 없으면 다른 길을 찾으면 됩니다.

무슨 일이든 좋아해야 열심히 하게 되고, 그러면서 저절로 능숙해집니다. 이것은 수학뿐 아니라 바둑, 피아노, 축구도 같습니다. 물론 잘하지는 못하지만 어떤 일을 좋아할 수도 있습니다. 다만 미치도록 열심히 해서 저절로 능숙해질 만큼 좋아하는 정도는 아니기 때문에 서투른 채로 끝날 뿐입니다.


## 노력의 보상은 결과가 아니라 성장이다

새로운 것에 도전할 때, 결과를 빨리 얻으려고 하면 빨리 좌절하는 경우가 많습니다. 빨리 좌절하는 것보다 더욱 어리석은 경우도

있지요. "아무리 열심히 해도 잘 된다는 보장도 없고, 열심히 했는데도 잘 안 되면 억울하니까 그냥 안 하고 말래!" 이렇게 해보기도 전에 포기하는 경우입니다.

사람은 아무리 노력해서 훌륭한 업적을 남겨도 결국에는 죽습니다. 죽은 후에도 자자손손 대대로 전해질 역사적인 대업을 이루었다고 해도, 태양의 수명이 다할 때 지구상의 모든 생물은 멸종해버립니다. 인간은 이렇게 유한할 수밖에 없는 존재인데 왜 태어났으며, 무엇을 위해 살아가고 있는 걸까요? 이 질문은 인류의 영원한 테마로, 정해진 답은 없습니다.

하지만 저의 답은 있습니다. 사람은 성장하기 위해 태어나고, 성장하기 위해 살아간다는 것입니다. 성장하기 위해서는 노력이 필요하고, 노력에는 실패와 좌절이 언제나 함께합니다. 그렇다면 성공하지 못하면 그동안 쌓아온 노력은 물거품이 되는 것일까요? 앞에서도 말했듯이, 노력하는 과정에서 실패와 좌절을 겪고 거기에서 많은 것을 배워나가지 않으면 성공에는 이를 수 없습니다. 그리고 마침내 성공했다면 그것으로 끝입니다. 실패와 좌절은 많은 교훈과 숙제를 남기지만, 성공에서 얻을 수 있는 것은 결과뿐이니까요.

노력의 보상은 결과가 아니라 성장이라고 생각해 보십시오. 그러면 실패를 겁낼 필요가 전혀 없습니다. 기절할 만큼 어마어마한 벽에 부딪혔을 때 절망할 게 아니라 이렇게 생각해볼 수는 없을까요? '이 벽 너머에는 어떤 세계가 펼쳐질까? 생각할수록 두근거리는걸!'

### 실패했을 때가 아니라 도전하지 않았을 때 후회한다

사람은 어떨 때 후회하는 걸까요? 지향하는 목표가 있고, 그것을 향해 힘껏 노력해도 손이 닿지 않을 때 어떻습니까? '이럴 줄 알았다면 도전 같은 건 그냥 안 하는 건데….'라고 생각하시나요?

꿈이 깨져버린 순간은 슬프고 울적할 수도 있겠습니다. 하지만 열심히 노력한 후의 어쩔 수 없는 결과라면 받아들일 수 있지요. 그리고 실패했다고 해서 실제로 잃어버린 것은 아무것도 없습니다. 실패라는 경험을 통해 하나의 한계를 뛰어넘음으로써 오히려 한 단계 성장한 자신을 발견할 수 있지요. 여러 번 경험하다 보면 알게 되지만, 실패해서 후회할 일은 사실 그다지 없습니다. 도박 같은 경우를 제외하고는 말입니다.

사람이 후회하는 경우는 나아가야 할 때 내딛을 수가 없어서 기회를 놓치는 때일 것입니다. 인생을 좌우하는 중요한 기회는 일생에 몇 번 없습니다. 도전해야 할 때 용기가 부족해서 도전하지 못했을 때 우리는 후회하지요.

인생은 양자택일의 연속입니다. 하지만 편한 쪽을 선택하면 대부분 후회하게 됩니다. 자신의 가능성을 키워주는 기회, 넓혀주는 기회가 있다면 적극적으로 도전해야 합니다. 그러한 도전을 피해서 어른이 된 사람이 부모가 됐을 때, 자기가 못 했던 것을 아이에게 강요하고, 아이의 자연스러운 성장을 방해하는 어리석은 부모가 되는 것입니다.

## 잘하고 못하고는 적성과 일치하지 않는다

재능이나 소질만으로는 어떤 분야에서든 초일류는 될 수 없습니다. 천성적으로 발이 빠른 아이는 연습하지 않아도 학교나 시의 달리기대회에서 1등을 하겠지요. 하지만 도 대회에서 1등을 하기는 어려울 것이며, 전국대회나 국제대회는 전혀 엄두도 내지 못할 것입니다.

그렇다면 달리기에 재능과 소질이 있는 아이가 연습만 한다면 올림픽에서도 금메달을 딸 수 있을까요? 세계 제일이 되기 위해서는 극한까지 자신을 몰아붙이는 혹독한 연습을 거듭하지 않으면 안 됩니다. 그 연습을 버텨낼 수 있는가 아닌가는 정신력의 문제이기도 하지만 그보다 더 중요한 것이 있습니다. 달리기에 얼마나 빠져 있는가, 다시 말해 얼마나 달리는 것을 좋아하는가에 달려 있습니다.

올림픽에서 금메달을 따는 것에 비하면 명문 사립 중학교에 합격하는 것은 비교할 수 없을 만큼 쉬운 일입니다. 올림픽 금메달은 세계 제일이 되지 않으면 받을 수 없지만, 중학교 입시는 대개 900명 응시자 중에서 360등 안에만 들면 합격할 수 있으니까요.

적성에 맞고 맞지 않고는 잘 하는 것, 못하는 것과 일치하지 않습니다. 좋고 싫음과 일치하지요. 성적이 좀 낮더라도 수학에 흥미를 가지고 충분히 빠져들 수만 있다면 사립 중학교 입시에 도전할 정도까지는 얼마든지 성장할 수 있습니다.


## 꾸준한 노력은 실전에서 진가를 발휘한다


어떤 아이가 시험에 합격하는지 궁금하십니까? 성적이 좋은 아이도 아니고, 많이 공부한 아이도 아니고, 머리가 좋은 아이도 아닙니다. 강한 아이가 시험에 합격합니다. 시험이라는 긴장과 두려움을 이기고 실전에서 충분히 실력을 발휘할 수 있을 만큼 강한 아이 말입니다.

그렇다면 정신력의 강함과 약함은 어디에서 차이가 생기는 걸까요? 한마디로 요약하자면, 실전에 약한 아이는 착실하게 살아오지 않은 것입니다. 여덟 살 아이는 아이대로, 열두 살 아이는 또 그 아이대로 나름의 살아가는 방식이 있습니다. 평소보다 훨씬 더 긴장감이 흐르는 분위기에서 보통 이상의 힘을 발휘할 수 있는 아이는, 평소에도 온 힘을 다해 문제와 씨름하는 아이입니다.

여유를 가지고 입시에 임하라고 말하는 사람도 있습니다. 현실에서는 있을 수 없는 일입니다. 대부분의 아이들에게 중학교 입시는 지금까지 인생에서 겪어온 일 중 가장 긴장감 높은 시험의 장입니다. 그 긴장감으로만 말할 것 같으면 세계 타이틀매치의 링으로 향하는 권투선수와 다를 바가 없지요. 평소에도 적당히 노력해서 그저 그런 정도의 성적을 내던 아이는, 이런 분위기에서는 조금도 버티지 못하고 긴장감에 휩쓸려 실패해버리고 맙니다.

제가 가르치는 학생들 중 대부분이 합격하는 학교는 중·고등학교가 같은 재단 안에 있습니다. 그래서 중학교 입시 당일의 테스트 결과만으로 고등학교 합격 여부까지 결정됩니다. 한마디로 단판승부지요. 그렇다고 갑자기 시험을 보지는 않습니다. 단판승부를 내기 전에 몇 백 번이나 시범경기라 할 만한 시험을 치르지요.

이 시범경기를 진지하게 임하며 자신의 약점을 극복해온 아이와 그렇지 않은 아이는 평소 성적은 비슷했다 하더라도 결정적인 시험에서는 정확히 차이가 납니다. 어려움에 직면했을 때 진가가 발휘되는 것은 어른이나 아이나 같습니다. 위기에서는 성실하게 살아온 인간, 즉 강한 인간만이 살아남습니다.

- 적성에 맞고 안 맞고는 잘하는 것과 못하는 것이 아니라 좋고 싫음과 일치합니다.

- 무슨 일이든 좋아해야 열심히 하고, 그러면서 저절로 능숙해집니다. 중요한 것은 그때까지 집중력을 유지하는 것입니다.

- 괴로워하면서 하는 노력은 절대 오래가지 않습니다. 지금 하는 공부가 괴롭다면 방법을 바꾸거나 다른 길을 찾아야 합니다.

- 노력의 대가는 성공이 아니라 성장입니다. 이렇게 생각하면 실패를 두려워 할 이유가 전혀 없습니다.

- 성실하게 살아온 강한 아이는 오히려 긴장감 넘치는 실전에 강합니다.

# 진짜 학습력은
# 살아가는 힘을
# 기르는 것

아이를 공부시키는 목적은 무엇입니까? 좋은 학교에 입학시키기 위해서인가요? 크나큰 착각입니다. 높은 학습력(공부하는 힘)을 몸에 배이게 하기 위해서가 정답입니다.

이때 학습력이란, 사람이 사람으로 살아가기 위해 반드시 필요한 힘을 말합니다. 학습력이 몸에 배어 있으면 시험에 합격하는 정도야 덤입니다. 입시를 위해서 학습력을 몸에 배게 하는 것이 아닙니다. 살아가기 위한 학습력을 몸에 배게 하는 과정 중에 사소한 부산물로서 입시 합격을 얻는 것에 불과합니다. 이 순서를 헛갈리지 않아야 합니다.

## 득점력과 학습력은 다르다

대학 진학을 전제로 하는 제대로 된 중·고등학교 입시의 합격 여부는 테스트의 점수만으로 결정됩니다. 면접이 합격 여부에 영향을 미치는 경우는 거의 없습니다. 여기서 학습력과 득점력의 차이를 이해할 필요가 있습니다. 학습력과 득점력을 같은 의미로 이해하는 경우가 많은데 전혀 별개입니다. 오해의 원인은 두 경우 모두 '시험(Test)'이라는 단어를 사용하는 데 있습니다. 학습력도 득점력도 시험을 통해 드러나는 것이긴 하지만, 이 두 가지는 전혀 다른 의미입니다.

'시험공부'라는 단어에서 어떤 공부를 떠올리시나요? 중·고등학교 시절에 중간고사와 기말고사를 앞두고 했던 공부를 생각해봅시다. 시험 일주일 정도 전부터 계획을 세우고, 교과서와 문제집에서 시험 범위에 포함되는 내용을 복습했을 겁니다. 이 시험은 득점력을 평가하는 시험이라고 할 수 있습니다. 정해진 내용을 암기하고 반복적으로 복습하는 공부만으로 충분히 좋은 점수를 얻을 수 있습니다.

하지만 대학 입시에서는 이런 공부만으로는 부족합니다. 학교에서 보는 중간고사나 기말고사와는 문제 유형과 출제 경향을 달리한 응용력과 사고력이 필요한 문제가 집중적으로 출제되기 때문이지요. 이 시험에서는 득점력이 아니라 학습력이 필요합니다.

평소 학원에서 보는 시험과 중학 입시의 관계도 마찬가지입니다. 전자에서 요구되는 것은 학습량과 충실도(얼마나 선생님이 말한 대로 충실히 따랐는지)이고, 후자에서 요구되는 것은 학습력(공부하는 힘, 사고력)입니다. 학원에서는 입시를 앞두고 모의고사를 보는데, 이 성적으로 입학을 희망하는 학교에 지원할 정도가 되는지 아닌지를 가늠합니다. 여기서 안정적인 점수가 나오면 부모도 아이도 모두 안심했다가, 실제 입시에서 합격하지 못하는 경우도 아주 많습니다. 학원 모의고사는 득점력을 평가하는 것이고, 입시는 학습력을 평가하는 시험이기 때문입니다. 득점력과 학습력을 오해하지 마시기 바랍니다.

## 시행착오형 학습과 공식암기형 학습

초등학교 1 · 2학년 아이들 중에서 수학을 싫어하는 아이는 그다지 많지 않습니다. 당연히 어려워하는 아이도 별로 없지요. 학습 내용이 어렵거나 많지 않기 때문입니다. 또 문제를 풀 때도 공식을 암기해서 대입하는 방식이 아니라 주먹구구식이지요. 이것도 아니고 저것도 아니고 하면서 계산 도구로 사용하는 구슬이나 나무토막을 주물럭거리다 보면 어느새 문제가 풀립니다. 이 시기에는 이렇게 교구를 이용해 생각하고 이해하면서 문제를 풀어나갈 수 있습니다. 이처럼 '이것도 아니고 저것도 아니고'를 반복하면서 문제를 푸는 방식을 '시행착오형 학습'이라고 합니다.

이 방법을 계속 이어나갈 수만 있다면, 아이가 초등학교 고학년이 되거나 중학교 입시 수학을 공부하더라도 "수학은 너무 어려워서 싫어!"라는 말은 하지 않을 것입니다. 물론 중학교 입시 수학 문제를 구슬이나 나무토막만으로 전부 풀어낼 수는 없습니다. 하지만 시행착오형 학습을 계속 해나간다면, 생각하고 이해하면서 문제 풀이법을 진화시켜 나갈 수 있습니다.

그런데 학원에 다니는 시기가 빨라질수록 이 시행착오형 학습은 급격히 무너져버립니다. 시간이 걸리기 때문이지요. 시행착오형 학습법으로 문제를 푸느라 시간을 지체하다 보면 숙제를 하는데도 너무 많은 시간이 들고, 시험도 종료 시간 안에 문제를 다 풀어내지 못합니다. 그러다 보니 시간이 걸리는 시행착오형 학습에서 가장 간단하고 빠르게 문제를 풀어내는 공식암기형 학습으로 바뀌어갑니다.

이 방법은 짧은 시간에 많은 문제를 풀 수 있으며, 저학년에서는 시험 점수도 놀라울 정도로 잘 받을 수 있습니다. 이런 이유로 아주 효율성 높은 학습법처럼 보이지만, 여기에는 사실 가장 중요한 것이 빠져 있습니다. 바로 문제를 풀어내면서 느끼는 성취감과 만족감입니다. 문제를 이해하고 생각하면서 푸는 시행착오형 학습이 아니라, 원리 이해 따위는 무시한 채 공식에 대입해 바로 답을 찾아내는 공식암기형 학습으로는 성취감과 만족감을 얻을 수 없습니다. 이해가 깊어지면서 문제가 풀리는 것이 수학 공부의 재미인데, 기계적으로 공식에 대입해 답을 얻는 방법으로는 답을 맞히고도 재미가 있을 리 없지요.

좋은 점수를 받아 부모님께 칭찬받고, 그 보상으로 무엇인가를 받으면 그걸로 만족감은 느낄 수 있지 않냐고요? 잘못된 생각입니다. 문제를 푸는 것 자체에서 충분한 만족감을 얻지 못하면 실력은 더 이상 향상되지 않습니다.

또 한 가지 공식암기형 학습의 단점이 있습니다. 조건이 복잡한 문제, 새로운 경향의 문제가 출제되면 이 방법으로는 전혀 손도 댈 수 없게 됩니다. 간단히 공식만 외웠을 뿐 원리를 이해하지 못했기 때문이지요. 중간고사에서 백점을 받고도 그 '득점력'만으로는 입시 수학에서 실패하는 것과 같습니다. 학습력은 시행착오형 학습의 방식으로만 길러집니다.

## 모의고사 합격 · 불합격 판정이 도움이 되지 않는 이유

같은 이유로 모의고사의 합격 · 불합격 판정은 별로 도움이 되지 않습니다. 초등학교 6학년 후반이 되면, 거의 모든 수험생이 지원 학교에 합격할 수 있는지를 가늠해보는 모의고사를 보기 시작합니다. 수학은 50분 시험 시간에 150점 만점이 일반적인 형식이지요. 수험생이 많은 곳에서는 1만 명 이상의 학생이 같은 시험을 봅니다.

이 모의고사 문제를 출제할 때 주의할 점이 있습니다. 시험 결과, 평균점수가 극단적으로 낮거나 높으면 신뢰할 만한 데이터로 보기 어렵기 때문에 그 균형을 잘 맞춰야 한다는 것입니다. 한마디로, 정말 공부를 못하는 아이도 풀 수 있는 문제도 내야 하고, 꽤 공부를 잘 하는 아이라도 풀 수 없는 문제도 내야 한다는 거지요.

이런 편차까지 고려해서 문제를 출제한다 하더라도 모의고사의 결과로 합격 가능성을 점치는 것은 불안하기만 합니다. 한 가지 종류의 시험으로 판단할 수밖에 없다는 맹점은 여전히 있으니까요.

그렇다면 여러 종류의 시험을 통해 데이터를 얻을 수 있다면 그 결과는 신뢰할 만할까요? 꼭 그렇지만도 않은 것이, 학교에 따라 시험 출제 경향이 크게 다르기 때문입니다. 예를 들어 설명해 보겠습니다. 먼저 학교와 수험생을 각각의 타입으로 아래와 같이 나눕니다.

학교 :　　A형 – 학습의 양을 중요시한다.

　　　　　B형 – 학습의 질을 중요시한다.

수험생 :　1형 – 익숙한 문제도 짧은 시간에 많이 풀 수 있고, 처음 보는 문제도 시간만 있으면 풀 수 있다.

2형 – 익숙한 문제는 짧은 시간에 많이 풀 수 있지만, 처음 보는 문제는
시간이 걸려도 풀지 못한다.

3형 – 처음 보는 문제도 시간이 있으면 풀 수 있지만, 익숙한 문제를 짧
은 시간에 많이 풀지는 못한다.

4형 – 처음 보는 문제는 시간이 있어도 풀지 못하고, 익숙한 문제도 짧
은 시간에 많이 풀지 못한다.

모의고사의 합격·불합격 판정이 들어맞는 것은 1형과 4형의 수
험생뿐입니다. 둘 다 가능한 1형의 아이라면 어디라도 합격할 것
이고, 양쪽이 불가능한 4형의 아이는 어디에도 합격하지 못할 테
니까요. 이것은 굳이 모의고사 결과를 들먹이지 않더라도 너무 당
연한 이야기지요.

수험생들을 가르치는 저에게 중요한 것은, 2형과 3형의 아이들
을 어떻게 잘 이끌어 각각의 타입에 맞는 적당한 학교에 지원하게
하는가입니다. 적당한 학교에 지원한다는 것은 단지 합격만을 위
한 것은 아닙니다. 입시 문제는 그 학교의 얼굴이며, 학교가 내세
우는 가치입니다. '우리 학교는 이런 문제를 풀 수 있는 학생이 필
요합니다!'라는 메시지가 포함되어 있는 거지요.

학생 입장에서도 교풍과 맞아야 학교생활에 잘 적응하겠지요.
2형의 아이는 학습의 양을 중요시하는 A형의 학교는 가능하지만,
학습의 질을 중요시하는 B형의 학교에는 어울리지 않겠지요. 모

의고사에서 B형의 학교에 합격할 가능성이 꽤 높게 나온다고 해도 B형 학교에 가서는 안 됩니다. 오히려 3형의 아이는 모의고사에서 B형 학교에 합격할 가능성이 낮게 나왔다 할지라도 B형 학교를 포기할 필요는 없지요. 학교와 학생의 궁합인 셈입니다.

2형의 아이는 대부분 공식암기형 학습을 해온 경우입니다. 원리 이해 없이 간단한 공식을 외워 대입하는 식으로 공부한 경우지요. 이 아이는 2형에서 멈추고 1형까지 갈 가능성은 거의 없습니다. 이에 비해 시간은 걸리더라도 원리를 이해하는 시행착오형 학습을 해온 3형의 아이라면 1형까지도 갈 수 있습니다. 비록 1형까지 나아가지 못하고 3형에 멈춰 있다 하더라도 학습의 질을 중요시하는 B형의 학교에는 합격할 수 있습니다. B형의 학교를 지망하는 아이는 시행착오형 학습을 거듭해온 아이이기 때문에 3형에서 멈춘다고 해도 학교와 학생의 궁합이 맞으니 학교생활에 전혀 문제가 없겠지요.


### 진짜 공부는 생각하는 힘을 기르는 것


F는 언제나 싱글벙글 태평스러운 마이페이스형의 아이였습니다. 무엇을 대하든 생각하는 것이 몸에 밴 아이였지요. 하지만 시험을 볼 때는 시간 배분을 전혀 신경 쓰지 않아 모의고사에서 좋은 성

적을 받은 적이 한 번도 없었습니다.

그의 1지망 학교는 마이페이스형인 F에게 딱 어울리는 아자부중학교였습니다. 그런데 6학년 후반의 모의고사에서는 전부 합격 가능성 20퍼센트 미만이었습니다. 짧은 시간에 많은 문제를 요령 있게 풀어내야 하는 모의고사 같은 형식의 시험은 그에게 맞지 않았던 거지요. 하지만 수업 중에는 그런 대로 잘 하고 있어서 아자부중학교에 시험을 보게 했습니다.

시험 당일, 저는 아자부중학교 교문 앞에서 학생들을 응원해주려고 기다리고 있었지요. 잔뜩 긴장한 표정의 수험생들 중에 유일하게 딱 한 명만이 싱글벙글 웃는 얼굴로 폴짝폴짝 뛰며 저에게로 오더군요. F였습니다.

"넌 전혀 긴장 안 했구나. 오히려 신나 보이는데?"

"1지망이었던 아자부중학교에 진짜 시험을 보러 온 거잖아요. 그러니 당연히 기쁘죠!"

"그렇구나. 시험 잘 보고 와라!"

"네, 다녀오겠습니다!"

F는 저를 향해 손을 흔들면서 기분 좋게 수험장으로 들어가더군요. 지금까지 그렇게 즐거운 수험생을 본 적이 없습니다. 과연 F는 그 시험에 합격했을까요? 네, 그렇습니다. 그 결과를 보고 저조차도 '중학교 입시 제도는 정말 잘 만들어졌구나!'라고 감탄했습니다.

아자부중학교는 똑똑한 아이들이 가는 학교로 알려져 있습니다. F도 똑똑하긴 하지만 너무 둔하고 굼떠서 과연 잘할 수 있을지 걱정이 되기도 했거든요. 그런데 단 한 번의 입시로 아자부중학교의 교풍과 딱 어울리는 F를 선발해 내다니 말입니다.

수학 공부는 시행착오형 학습으로 시작하기는 하지만 넘치는 학원 숙제와 시험에 쫓기기 시작하면 자기도 모르게 공식암기형 학습으로 바뀌어버립니다. 이것을 가장 조심해야 합니다. 수학 공부는 시행착오형으로 학습해야만 문제를 놓고 생각하고 고민해서 마침내 풀어내는 경험을 통해 어떤 형식의 문제가 출제되든 응용력을 발휘할 수 있습니다. 이런 과정 없이 공식에만 대입해서 답을 얻는 공식암기형 학습으로는 진정한 수학 공부라고 할 수 없습니다. 인생에도 학습에도 울렁울렁, 조마조마, 두근두근하게 하는 경험이 사람을 성장시킵니다.

---

**✎ 꼭 기억합시다!**

- 공부는 생각하면서 원리를 이해하는 시행착오형 학습을 할 수 있도록 이끌어 주세요.

- 학원 숙제와 시험에 쫓기다 보면 아이의 학습 패턴은 어느새 단순한 공식 외우기 식인 공식암기형으로 바뀌어버립니다. 이 방법은 절대 학습력이 늘지 않습니다.

- 단순히 시험 점수를 잘 받는 득점력이 아니라 공부하는 힘인 학습력을 키울 수 있도록 해주세요.

## 시행착오형 학습과 공식암기형 학습

수학을 공부하는 올바른 방법은 시행착오형 학습이라고 저는 생각합니다. 이 방법으로 공부하는 아이들은 문제만 내주면 알아서 풀기 시작하고, 한번 열중하면 먹는 것도 잊어버릴 만큼 몰두합니다. 아이가 이렇게 무언가에 몰입하는 경험을 해보는 것은 아주 중요합니다. 컴퓨터나 핸드폰 게임을 할 때도 몰입하지만, 이 때는 머리를 쓰지 않는다는 점에서 다릅니다. 게임은 하면 할수록 오히려 눈도 머리도 점점 나빠지지요.

시행착오형 학습의 장점은 '엄마가 공부를 하라고 시켰다'라고 아이가 의식하지 않는다는 것입니다. 그렇기 때문에 부모도 아이도 스트레스를 받지 않지요. 앞에서도 설명했듯이, 학습은 인간의 본능으로, 이 시행착오형 학습이야말로 가장 자연스러운 학습법입니다. 다만 시간이 많이 걸린다는 단점이 있습니다. 하지만 아무리 많은 시간이 걸려도 괜찮을 만큼 시행착오형 학습에 쏟는 시간은 아주 의미가 있습니다.

초등학교 저학년 아이들이 수학을 잘 못하거나 어려워해서 싫어하는 경우는 거의 없습니다. 그 이유가 바로 시행착오형 학습부터 시작하기 때문입니다. 이에 반해 공식암기형 학습은 수학공부에는 오히려 해가 된다고 할 수도 있습니다. 서예를 배우러 가면 글씨본을 그대로 베껴 쓰거나 흉내 내는 연습을 반복하지요. 발레, 피아노, 야구, 축구 등을 처음 배울 때도 마찬가지입니다. 처음 배우기 시작한 날부터 "자유롭게 춤춰봐" "자유롭게 써봐"라고 하지는 않습니다. 왜 그럴까요? 반복해서 연습하는 것만이 능숙하게 익힐 수 있는 지름길이기 때문입니다.

하지만 수학은 다릅니다. 문제를 풀기 위해 필요한 지식이라곤 정수, 분수, 소수 등의 사칙연산뿐이기 때문에 반복해서 연습할 필요가 없습니다. 이런 연습은 뇌를 자극하지 않아서 재미도 없지요. 부모님들 중에는 계산 연습을 매일 하지 않으면 계산 실력이 늘지 않는다고 걱정하는 분들이 있습니다. 하지만 수학은 계산 실력을 늘리는 과목이 아니라 머릿속에서 논리적인 사고력을 키우는 과목입니다.

그런데도 왜 많은 부모님들이 시행착오형 학습이 아니라 공식암기형 학습을 선호하는 것일까요? 바로 학교와 학원의 숙제와 시험 탓입니다. 넘치는 숙제와 시험을 감당하려니 시간과 싸울 수밖에 없고, 그러다 보니 더 많은 시간이 걸리는 시행착오형 학습보다는 공식암기형 학습을 선호하게 되는 거지요.

지금부터 같은 문제를 공식암기형과 시행착오형 학습법으로 풀어보겠습니다. 두 학습법의 차이를 훨씬 쉽게 이해할 수 있을 겁니다. 문제는 아래와 같이 속도를 구하는 2개 항입니다.

**문제1** 시속 36km = 분속 ( ㉮ )m = 초속 ( ㉯ )m에서 ㉮, ㉯에 해당하는 숫자를 구하세요.

**문제2** 시속 ( ㉮ )m = 분속 180m = 초속 ( ㉯ )m에서 ㉮, ㉯에 해당하는 숫자를 구하세요.

## 공식암기형 학습

먼저 1번 문제를 풀어보지요. 시속은 1시간에 나아간 거리이므로, 36km를 36,000m로 바꾸어 60분으로 나누면 분속이 나옵니다. 이것을 다시 60초로 나누면 초속이 나오겠지요. 아래와 같은 식으로 정리할 수 있습니다.

$$36{,}000m \div 60분 = 600(m/분) \qquad 600m \div 60초 = 10(m/초)$$

속도를 처음 공부하는 아이에게 이런 식으로 가르친다고 생각해 봅시다. "알겠지?"라고 물으면 "응, 알았어!"라고 대답하지만, 아이의 머릿속에 남는 건 '60으로 나누면 되는구나!'라는 것뿐입니다. 이런 아이에게 2번 문제를 혼자 풀어보라고 하면 어떻게 될까요? 이 문제를 푸는 아이의 머릿속에서는 이런 생각이 펼쳐집니다.

'60으로 나누면 되는 거였지! 180÷60=3, 또 … 3÷60=0.05가 나오네. 좀 이상한데, 이렇게 푸는 게 맞나?'

원리는 이해하지 못한 채 아이의 머릿속에서 숫자만 생각하게 하면 이런 식이 됩니다. 문제를 많이 풀어보게 하면 도움이 될까요? 하루에 30문제를 일주일간 풀게 한다면 같은 유형의 문제는 풀 수 있겠지요. 하지만 한 달쯤 지난 뒤에도 학습 효과가 유지될지는 의문입니다. 이 방법은 같은 문제를 되풀이하는 아이도 공부에 재미를 잃을 수밖에 없고, 근본적인 해결책도 아닙니다.

### 시행착오형 학습

이번에는 같은 문제를 시행착오형 학습법으로 풀어봅시다. 아이에게 먼저 "시속이 뭐야?"라고 묻습니다. 그러면 "1시간에 나아가는 거리"라고 답하겠지요. 다시 "그럼, 분속은?"이라고 물으면 "1분에 나아가는 거리"라고 답할 겁니다. 마지막으로 "그럼, 초속은?" 하고 물으면 "1초에 나아가는 거리"라고 답하겠지요. 그러면 이제 도표를 하나 제시하면서 "이 도표를 참고해서 문제 1번을 풀어보렴."이라고 말한 뒤 그냥 지켜봅니다.

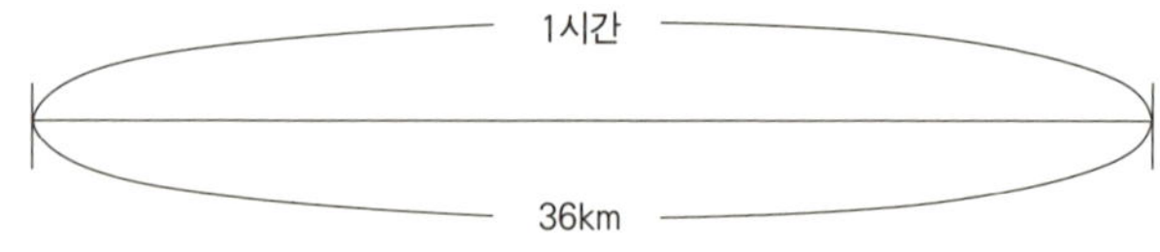


그러면 아이의 머릿속에서는 이런 생각이 펼쳐집니다. '1시간은 60분이고, 1km는 1000m니까 36km는 36,000m지.' 이렇게 이것저것 생각해보고 문제에서 제시한 조건을 도표에 써나갑니다. 그리고 이런 생각이 이어지지요. '그래! 시속 36km라는 건 60분에 36,000m를 가는 거니까 1분 동안 가는 거리를 구하려면 36,000m ÷ 60분 = 600(m/분)이 되는 거구나. 그래, 이게 분속이야!'

여기까지 풀어냈다면 "그럼, 초속은 어떻게 구하면 될까? 같은 식으로 도표를 참고해서 풀어볼래?"라고 말하면, 아이의 머릿속에서는 이런 생각이 펼쳐지지요. '그렇구나! 분속이 600m라는 건 60초에 600m를 가는 거니까 1초 동안 가는

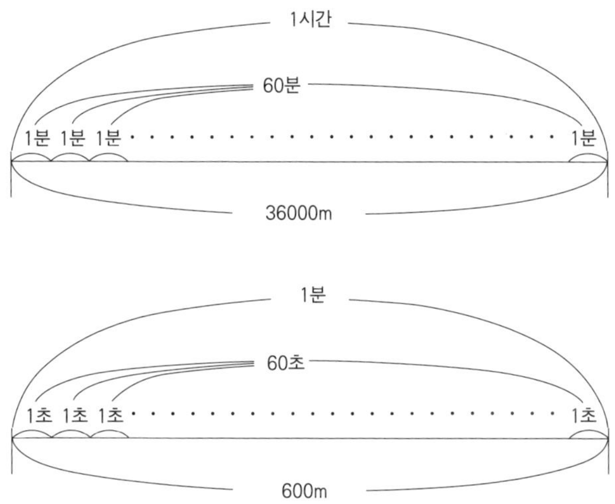



거리를 구하려면, 600m ÷ 60초 = 10(m/초)가 되지. 이게 초속이야!'

이렇게 도표를 써가면서 생각하면 개념과 원리를 이해하게 됩니다. 같은 문제를 기계적으로 반복하는 재미없는 연습 따위는 필요하지 않지요. 시행착오형 학습은 아이가 자발적으로 문제에 대응하는 시스템입니다. 속도를 공부할 때 대부분의 수학 참고서에는 속도를 구하는 3개의 공식(시속, 분속, 초속을 구하는)을 매우 강조해서 적어둡니다. 물론 공식의 의미와 개념도 설명하고 있지만, 아이의 머릿속에 남는 것은 공식밖에 없지요. 그렇게 되면 설명한 것처럼 아이는 개념과 원리를 이해하지 못하고 있기 때문에 새로운 유형의 문제에는 전혀 대응할 수가 없는 거지요. 공식에 의존하지 않고 도표를 그리거나 풀이 과정을 써가면서 생각하는 것이 가장 중요합니다.

공식암기형 학습으로는 아무리 많은 문제를 풀어도 사고력은 늘지 않고, 결과적으로 중요한 시험에서도 실패할 수밖에 없지요. 이미 수없이 연습한 유형의 문제만 출제되는 학원이나 학교 시험에서 높은 점수를 받던 아이가 입시에서는 형편없는 점수를 받는 경우가 바로 이런 이유 때문입니다.

# 가르침 없이
# 가르친다

학교에서 기르는 토끼와 닭이 죽어나간다는 기사를 신문에서 볼 때가 있습니다. 범인은 사육장 안에 개를 풀어서 물어 죽이거나, 저항하지 못하는 작은 동물을 칼로 무자비하게 찔러 죽인다는군요. 기사를 읽으면 그 장면이 저절로 상상되는데, 썩 불쾌합니다. 이런 사건을 저지르는 사람을 "그 사람한테도 뭔가 사정이 있겠지"라며 감싸주는 사람은 없겠지요. 범인은 아주 잔인하고 나쁜 사람입니다. 저도 그렇게 생각합니다.

## 선의는 반드시 옳을까?

그런데 이런 경우라면 어떨까요? 동물을 좋아하는 마음씨 착한 아이가 있다고 합시다. 아이는 토끼를 너무 좋아해서 당번이 아닌 날도 부지런히 물을 갈아주고, 사육장 청소도 하곤 했습니다. 어느 날, 갓 태어난 아기토끼가 너무 귀여워서 자기도 모르게 품에 안고 뺨을 비볐습니다. 누군가 이 광경을 봤다면 보는 것만으로도 마음이 따듯해졌겠지요.

아이는 한참 동안 아기토끼를 귀여워해주다가 문득 선생님 말씀이 생각났습니다. "아기토끼는 절대 만지면 안 됩니다!" 그제야 깜짝 놀란 아이는 얼른 아기토끼를 어미 곁에 놓아주었습니다. 하지만 어미는 이미 사람의 냄새가 밴 아기토끼를 더 이상 품으려 하지 않았지요. 당황한 아이는 아기토끼를 다시 어미 곁으로 밀어봤지만 어미는 아기토끼를 멀리했습니다.

그러기를 반복하는 사이에 해는 졌고, 집으로 돌아가야 할 시간이 되었지요. 아이는 떨어지지 않는 발걸음을 재촉해서 집으로 돌아왔지만, 아기토끼가 신경 쓰여 밥도 먹히지 않았고 잠도 오지 않았습니다.

다음날 아침, 불안한 마음에 일찍 학교에 온 아이는 조심조심 토끼 사육장을 들여다보았습니다. 차갑게 식어버린 아기토끼의 시체를 발견하고 아이는 큰 충격을 받아 그 자리에 얼어붙어버렸지요. 밀려오는 후회와 슬픔을 이기지 못하고 아이는 바닥에 주저 앉아 엉엉 울어버리고 말았습니다. 이 장면을 보았다면, 어떤 말을 건네주면 좋을까요?

　두 이야기를 비교하자면, 잔혹하기 그지없는 범인과 마음씨 고운 아이는 결과적으로는 같은 일을 한 것입니다. 토끼를 죽였다는 거지요. 악의를 가지고 토끼를 죽인 범인은 100퍼센트 비난당하고, 선의로 행동한 아이는 전혀 죄가 없다고 딱 잘라 말할 수 있을까요? 저는 다음과 같은 세 가지 경우를 생각할 수 있다고 봅니다.

| | | |
|---|---|---|
| 첫째 | 아이가 자기의 잘못을 인정하고, 죽은 아기토끼와 남겨진 어미에게 진심으로 사과하며, 두 번 다시 같은 잘못을 하지 않겠다고 맹세한 경우 | 비난할 필요는 없음 |
| 둘째 | 어떻게 되는지 알면서도 아기토끼를 볼 때마다 무심코 안아버린다. 그때마다 죽여 놓고 뒤늦게 우는 경우 | 범인과 같은 죄 |
| 셋째 | 어떻게 되는지 모르고 같은 잘못을 반복하는 경우 | 판정불능 |

두 번째 경우를 볼까요. 운다는 행위에는 정신을 정화시키는 작용이 있습니다. 한바탕 울고 난 후 마음이 가벼워지는 것은 범인들이 범행을 저지름으로써 욕구를 채우는 것과 같습니다. 자기 행동 때문에 아기토끼가 죽는다는 것을 알면서도 같은 행위를 반복한다는 것은, 범인과 같은 짓을 하고 있는 거지요.

세 번째 경우, 아이는 '내가 이렇게 귀여워해주는데 왜 어미는 아기토끼를 죽게 내버려두는 거야?'라며 어미 탓으로 돌려버립니다. '선의의 범죄자' 혹은 '죄 없는 바보'라고 불러야 할까요. 이 경우에는 누군가가 행동의 결과를 가르쳐주어야 합니다.


## 좋은 수업, 좋은 교사란?

'좋은 수업'이라고 하면 어떤 수업을 떠올리십니까? 즐거운 수업, 이해하기 쉬운 수업, 밝고 화기애애한 수업…? 이 표현들 중 제 수업과 어울리는 것은 하나도 없습니다. '좋은 선생님'은 어떨까요? 친절한 선생님, 잘 보살펴주는 선생님, 아이들을 좋아하는 선생님, 밝고 활기찬 선생님…? 이것도 저와는 전혀 어울리지 않습니다.

제가 만약 적성검사를 받는다면 초등학생을 가르치는 선생님으로 어울린다는 결과는 절대 나오지 않을 겁니다. 저와 완전히 반대인 사람이야말로 선생님으로 딱 어울린다는 결과가 나오겠지요. 제가 생각하는 선생님의 역할은 '아이의 자립을 지켜주고 돕는다'라는 것뿐입니다. 결과적으로는 아이들을 돕는 일이지만 단순히 '돕는다'라는 표현만으로는 부족합니다.

저는 넘어져서 우는 아이가 있을 때 달려가서 일으켜주고, 흙을 털어주고, 안아서 토닥이지 않습니다. 오히려 저는, 자기는 잘하고

있다고 착각하며 걷는 아이의 발을 걸어서 넘어뜨리지요. 일어나
려고 하면 다시 넘어뜨립니다. 다시 일어나려고 하면 또 한 번 넘
어뜨려버립니다.

그러면서 저는 계속 아이의 상태를 관찰하지요. 절대 가볍게 넘
어뜨리는 법이 없지만, 이 과정을 반복하는 중에 아이는 어느 샌
가 힘이 세져 훌훌 털고 일어나버립니다. 그 모습이야말로 진정한
성장입니다. 보는 것만으로도 감탄이 절로 나오지요.

여기서 일어나지 못하는 아이는 어떡하느냐고요? 제 수업을 그
만두면 됩니다. 수학 학원이야 얼마든지 있고, 저 혼자 세상 아이
들을 다 가르치겠다는 생각 따위도 하지 않으니까요.


## 가르침 없이 가르친다

제 수업에 나오기 시작한 지 얼마 안 된 G가 수업 전에 질문을 들
고 왔습니다. 아직 아무도 오지 않은 이른 시간에 와서 "이 문제
푸는 법을 모르겠어요"라며 종이와 연필을 내밀더군요. 자기가 알
수 있도록 풀이를 써달라는 것이겠지요. 부모님이 선생님께 질문
하라고 한 게 틀림없습니다.

저는 싸늘하게 G의 얼굴을 쳐다보았습니다. "여기서는 질문 금
지란다. 모르는 문제는 풀지 마!"라고 말하며 G를 쫓아버렸습니

다. 나름 용기를 내서 질문했을 텐데 많이 놀랐겠지요. 제 퉁명스
러운 반응에 풀이 죽었는지 G는 자리로 돌아가 문제를 풀기 시작
하더군요. 자리로 돌아가는 뒷모습이 어깨가 축 처져 보였지만 그
냥 내버려두었습니다.

그런 일이 있은 2주 후, G는 완전히 달라졌습니다. 수업 중에 문
제 풀기를 포기하는 일도 없어지고, 표정도 변했습니다. 지금까지
는 일이 잘 풀리지 않을 때 도와줄 누군가를 마냥 기다렸지만, 아
무도 도와주지 않는다는 것을 경험한 후 자기 의지로 문제를 극복
하기 시작한 거지요.

교실에서는 이런저런 일로 교사와 아이가 신경전을 비롯한 실
랑이를 많이 벌입니다. 물론 교육이라는 이름으로 행해지는 거지
요. 교사는 그 싸움에서 이겨야 자신이 원하는 방향으로 아이를
이끌 수 있게 됩니다. 그러니 쉽게 포기할 수 없는 싸움이기도 합
니다. 그런데 G의 경우에 저는 싸우지 않고 이긴 것입니다. 표현
그대로 'The art of teaching without teaching!'인 거지요.

아이를 칭찬하면서 키울 것인가, 혼내면서 키울 것인가? 양쪽
모두 아이의 감정을 자극하는 것으로, 좋은 방법이라고 생각하지
않습니다. 지금까지 아이들을 가르쳐온 저의 결론은 이것입니다.
내버려두면서 키우는 것, 이것이 저의 정답입니다!

제가 G를 대한 반응은, 적성검사에서 교사로 적합하다는 판정을 받은 사람은 결코 따라할 수 없는 방법일 겁니다. 그런 선생님들은 우선 모르는 문제를 질문하러 온 것 자체를 칭찬하겠지요. 그리고 정성껏 가르칠 겁니다. 아이도, 그 소식을 들은 부모님도 뿌듯해하겠지요.

그 후부터는 조금만 모르는 게 있으면 무조건 선생님께 질문하러 갑니다. 그럴 때마다 선생님은 조금도 꺼리지 않고 기꺼이 가르쳐줍니다. 이렇게 하면 교사와 학생 사이가 아주 끈끈하고 정이 깊어지기는 합니다. 하지만 중요한 것은, 이런 식으로 아이의 실력이 느는가 하는 문제입니다. 수학은 그런 식으로는 실력이 늘지 않습니다.

아이와 부모님은 '이렇게 열심히 선생님께 질문해가며 공부했는데 왜 실력은 늘지 않는 거야?'라고 고민합니다. 선생님도 같은 고민을 하겠지요. 이것은 앞에서 예를 든 '토끼를 죽인 아이' 이야기에서 세 번째 경우에 해당합니다. 머리를 써야 머리가 좋아지는데 문제가 풀리지 않을 때마다 금세 생각하기를 포기하고 질문만 했으니, 이런 방법으로는 평생 수학을 잘 할 수 없습니다. 누군가가 이 부모, 아이, 교사에게 그 사실을 알려줘야 합니다.

저에게 질문을 거절당한 G는 집에 가서 부모님과 이런 대화를 나눴을지도 모릅니다.

"선생님께 확실히 물어보고 왔어?"

"물어보긴 했는데 안 알려주셨어. 모르는 문제는 안 풀어도 된다고 하시던데."

"뭐야? 선생님이 뭐 그래? 좋은 선생님이라고 소문났다더니 어디가 좋은 선생님이라는 거야?"

충분히 예상되는 일입니다. 하지만 저는 그런 평가는 전혀 신경쓰지 않습니다. 쓸데없는 일에 제 열정을 낭비하고 싶지는 않으니까요.


## 연장수업, 보강은 교사가 미리 지불하는 변명

연장수업, 보강, 개인지도를 반복하면서도 아이들의 성적을 전혀 올리지 못하는 학원이나 선생님도 흔합니다. 이것은 '토끼를 죽인 아이' 이야기의 두 번째 경우에 해당합니다. 세 번째 경우와 어떻게 다를까요? 합격하지 못할 것을 거의 확신하면서도 연장수업이나 보강을 반복한다는 것입니다. 아이가 시험에 떨어졌을 때 "저희는 최선을 다했습니다"라고 변명하기 위한 것일 뿐입니다. 불합격했을 때를 대비해 변명을 미리 선불하는 거라고나 할까요.

이런 학원은 생각보다 훨씬 많습니다. 연장수업을 한다고 하면 정말 열심히 가르치는 학원이라며 기뻐하는 부모가 어리석은 거지요. 2시간에 끝낼 수업을 3시간이 지나도록 끝내지 못하는 교사는 역량이 부족한 것입니다. 그런데 부모님들은 우리 아이가 1시간 더 공부했다고 생각하지요. 2개월이면 끝날 재판이 3개월 걸렸다면 1개월 이득이라고 생각하십니까? 2시간 수업을 약속하고 아이를 맡겼다면, 그 시간 안에 끝내야 합니다. 부모가 판단력이 부족하면 이런 무능한 학원의 희생양이 될 수밖에 없습니다.

## 저는 '냉혈교사'입니다!

저는 초·중등학생을 가르치는 보습학원에서 수학 강사 생활을 시작했습니다. 교과서를 중심으로 하는 수업이어서 강의 준비를 따로 할 필요도 없는 아주 편한 일이었지요. 당시에 같이 일했던 동료들 중에는 무책임한 시간강사가 많았는데, 수업 직전에 대리 강의를 부탁하곤 했지요. 저는 그때마다 거절하지 않고 대신 강의를 했습니다. 초보 강사 시절이라 수업을 많이 해볼수록 실력이 늘 거라고 생각해서였지요.

　그곳에서 1년간 근무한 후 더 배울 것이 없다고 생각되어 진학학원으로 옮겼습니다. 그곳은 지독할 정도로 엄격한 스파르타식 학원이었는데, 심지어 문제를 풀지 못하는 학생은 매를 맞을 정도였지요. 맨 처음 수업을 참관하면서 저는 그 모습을 보고 등골에 식은땀이 났습니다. 하지만 여기서 도망친다면 진학학원에서는 평생 일할 수 없을 거라는 생각에 이를 악물고 적응하려고 노력했지요.

한동안 연수를 받은 후, 초등학교 5학년 다섯 반 중 가장 레벨이 낮은 반을 맡았고 그 아이들과 1년 6개월을 같이 지냈습니다. 당시의 저는 2원1차방정식이나 문장형 수학 문제를 푸는 법도 잘 몰랐던 탓에 수업을 준비하기가 너무 힘들었습니다. 저는 수학이 아니라 연극을 전공했거든요. 연수를 받을 때는 체벌하는 법까지 가르치는 것을 보고 혐오감을 느끼기도 했습니다. 하지만 머지않아 저도 아이들의 뺨에 손을 대고 있더군요. 지금 생각하면 부끄러운 일입니다.

처음 온 학생은 가장 레벨이 낮은 반을 담당했던 제가 맡았는데, 신기하게도 성적이 올라 점점 더 레벨이 높은 반으로 옮겨가더군요. 그렇게 한 명씩 한 명씩 아이들을 상위 반으로 올려 보내고, 마지막에는 아무리 해도 성적이 오르지 않는 일곱 명만 남았습니다. 그 중 한 명은 입시에 실패했지만, 나머지는 모두 1지망 학교에 합격했지요.

초등학교 6학년 여름방학 때까지 학교 공부만 하다가 2학기에 와서야 처음으로 학원에 다니기 시작한 아이들치고는 놀랄 만한 결과였습니다. 중학교 입시 수험지도를 처음 경험한 저로서는 매우 훌륭한 성과였지요. 하지만 그런 지도 방법에 한계를 느끼고, 1년 6개월 만에 그만두었습니다. 그렇게 저의 '유혈교사' 시대는 끝이 났지요.

다음으로 옮겨간 곳은 당시 일본에서 최고의 합격률을 자랑하는 진학학원이었습니다. 체벌은 절대 금지하는 이 곳에서 5년간 근무했지요. 이때 연장수업, 보강, 개인지도를 포함한 모든 것을 다 해봤는데, 역시 어느 순간 한계를 느꼈습니다.

아이들이 개별 질문 하는 것을 허락하자 그 아이는 수업에는 전혀 집중하지 않더군요. 수업 시간에 이해하지 못해도 나중에 선생님께 따로 질문하면 된다고 생각하는 겁니다. 집에서 복습할 때도 조금만 막히면 '이것도 선생님께 질문해야지' 하는 식으로 끝내버리고, 전혀 스스로 생각하려 하지 않더군요.

이런 식으로는 개별적으로 질문을 받고 지도하는 일이 무의미하다고 생각되었습니다. 그래서 부모님들을 모셔놓고 상황을 설명하며 이렇게 당부했지요. "집에서 공부할 때 세 번을 다시 풀어도 풀리지 않는 문제만 선생님께 질문하라고 지도해주세요. 그래야 아이들이 스스로 생각하는 능력을 키울 수 있습니다." 그러자 끊이지 않던 아이들의 개별 질문이 딱 멎었습니다. 그 후 아이들의 실력이 하루가 다르게 늘기 시작한 것은 물론입니다.

또 수업 중에 최대한 자세히 설명하던 것도 어느 순간 그만두었습니다. 그러면 아이들은 수업 내용을 다 이해한 듯 착각하면서 집에서 복습을 하지 않는다는 것을 알게 된 거지요. 이 학원에서도 저는 '열혈교사'로 인정받으며 실적도 훌륭했습니다. 하지만 아이들을 지도하는 좀 더 좋은 방법은 없을까, 라는 의문을 늘 갖고 있었습니다.

그런 과정을 거쳐서 저는 지금의 '냉혈교사'에 이르렀습니다. 연장수업은 하지 않고, 질문도 전혀 받지 않습니다. 숙제도 내지 않지요. 부모님이 "선생님! 저희 아이 좀 어떻게 해주세요!"라고 울며 매달려도 칼로 자르듯 말합니다. "저는 모르겠습니다. 시험에 떨어지는 것도 인생의 일부분이지요." 냉정하다고요? 맞습니다. 하지만 부모와 아이 모두에게 이 방법이 가장 효과적이며 확실합니다.

유명한 학원일수록 시험을 쳐서 학생들을 선별해서 받지요. 하지만 저의 원칙은 무시험 선착순입니다. 처음에는 아무리 성적이 안 좋은 아이라도 머리를 쓰게끔만 이끌어주면 반드시 실력은 늡니다. 그러니 저와 공부를 시작할 때 실력이 어떤지는 전혀 중요하지 않습니다. 그냥 내버려두는 것이야말로 아이가 머리를 쓰게 만드는 최고의 방법이라고 저는 확신합니다.

'토끼를 죽인 아이' 이야기의 첫 번째 경우가 이전의 저였습니다. 유혈교사도 열혈교사도 최고의 교사는 아니라는 걸 안 이상, 두 번 다시 같은 실수는 반복하지 않습니다.

- 아이는 넘어지고 일어서기를 반복하면서 강해집니다. 넘어진 아이가 안타깝다고 달려가 일으켜주고 안아주는 부모야말로 아이를 약하게 만드는 어리석은 부모입니다.

- 아이가 성장하려는 힘을 믿고 그냥 내버려두는 것이야말로 최고의 교육법입니다.

지혜로운 부모는
## 강하게 키운다

2015년 5월 15일 1판 1쇄 인쇄
2015년 6월 10일 1판 2쇄 발행

**펴낸이**  김대현
**펴낸곳**  아이위즈북
**주소**  서울시 마포구 서교동 395-166 서교빌딩 601호
**전화**  02-2268-6042 | **팩스**  02-2268-9422
**홈페이지**  www.iwizbooks.com
**등록**  1991년 2월 22일 제2-1134호
ISBN  979-11-86316-01-6  13370

아이위즈북 iWizbooks는 ㈜도서출판 아테나의 임프린트입니다.
책값은 표지에 있습니다. 잘못된 책은 바꾸어 드립니다.